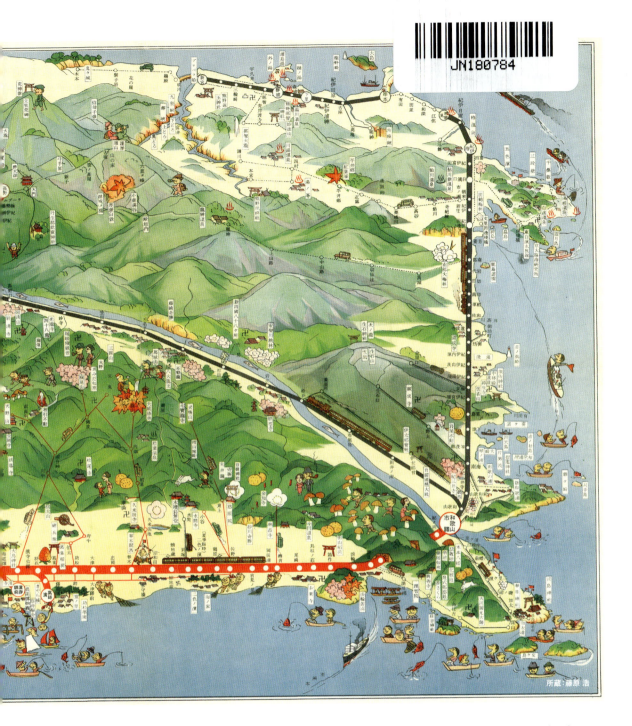

南海鉄道高野線の時刻表（昭和16年1月訂補）

南海鉄道支線の時刻表（昭和15年10月改正）

はしがき

　平成27(2015)年に開業130周年を迎えた"日本最古の私鉄"、南海電鉄。よく「現存する日本最古の」「純民間資本で日本最古の」などと言われるが、南海より古い歴史を持つ私鉄といえば日本鉄道と東京馬車鉄道くらいしかなかった。日本鉄道は政府の肝煎りで作られた半官半民の会社であり、東京馬車鉄道はその名の通り馬が客車を曳いていた。つまり南海は、まっとうな私設鉄道会社としては日本で最古の歴史を誇る鉄道なのである。

　そのうえ、南海より後に誕生した私鉄の多くも、明治39(1906)年に公布された鉄道国有法により国有化されたため、より南海の存在が際立つ結果となった。全国に16ある大手私鉄のなかでも、文明開化の時代から歴史を振り返ることができるのは南海だけだ。

　そんな南海の核となる路線は、言うまでもなく南海本線と高野線である。南海本線は明治18(1885)年12月29日に難波～大和川間で開業した阪堺鉄道を祖とする。堺以南は新たに組織された南海鉄道が建設し、両社は合併して明治31(1898)年に難波～和歌山北口間が開通する。また同年には高野線の祖となった高野鉄道が大小路(現在の堺東)～長野(現在の河内長野)間を開通させており、2年後には道頓堀(現在の汐見橋)～長野間が全通した。長野以南の開通は大正時代以降のこととなるが、大正11(1922)年には南海鉄道と合併、大正末には現在の高野下まで達している。傍系の高野山電気鉄道が山上の高野山駅まで達するのは昭和5(1930)年のことであった。

　このように、明治期において既に現在の路線網の骨格を築き上げていた南海ではあるが、その歴史は決して平坦ではなく、むしろ苦難の連続であった。南海本線は幾度となくライバル鉄道との競争にさらされ、高野線に至っては常に資金難であり、会社の組織や名前を変えながらの延伸であった。激しい競争のすえ、ようやく合併を果たした阪和電気鉄道(後の阪和線)はわずか数年で国有化され、昭和19(1944)年には関西急行と合併して近畿日本鉄道が誕生、一時的に"南海"の名が消える事態ともなった。しかし戦後すぐに独立を果たし、別会社であった高野山電気鉄道が受け皿となって南海電気鉄道が発足、現在に至っている。

　本書では、そのような南海電鉄の130年の歩みを写真と古地図で振り返るべく企画された。かつて"東洋のマンチェスター"と呼ばれ、東京をしのぐ経済力を誇った"大大阪"の時代から戦中戦後の混乱期、そして高度成長期を経て現代へと至る130年の歴史は、まさに日本の近現代史の縮図であると言っても過言ではない。沿線自治体をはじめ多くの方々よりお借りした貴重な写真から、少しでも往年の南海の輝きを感じ取っていただければ幸いである。

明治40(1907)年の南海本線電化に際し、住ノ江に建てられた発電所。大正7(1918)年まで稼働していた。

第1部
南海本線と沿線

平成27(2015)年に開業130周年を迎えた南海本線。大阪・難波と和歌山市とを結ぶ通勤路線であると同時に、浜寺や淡輪などのリゾート地への行楽路線として、あるいは泉州の繊維産業を支えた貨物路線としての役割も果たしてきた。そのほか南紀直通列車や日本初の冷房列車、現在なお運行される四国航路接続特急など、一口では語り尽くせないほどの特徴を持った南海本線の全駅を紹介したい。

箱作～淡輪間をゆく7000系普通。南海電車といえば緑のツートンカラーで知られ、新塗装となってすでに20年以上が経過した今なお、ファンの記憶に深く刻み込まれている。また登場から半世紀以上にわたり活躍した7000系は、平成27(2015)年9月末で惜しまれつつも引退している。

Namba St.

難波
日本の鉄道史にその名を刻む純民間私鉄初のターミナル駅

【難波駅】	
所 在 地	大阪府大阪市中央区難波
ホ ー ム	9面8線
乗降人員	248,963人
開 業 年	明治18(1885)年12月29日
キ ロ 程	0.0キロ(難波起点)

昭和60年

◀南海本線の特急「四国」
特急「サザン」が登場する昭和60(1985)年まで運行されていた、徳島航路連絡の和歌山港行き特急「四国」。流線型の先代1000系が使用され、座席指定車両も連結されていた。

撮影：岩堀春夫

平成22年

◀改装された南海ビル
建設から約80年を経た南海ビルは、平成21(2009)年にリニューアルされ、平成23(2011)年には国登録有形文化財に登録されている。

昭和49年

◀南紀直通列車
「四国」と同じく昭和60年まで運行されていた、紀勢本線に直通する急行「きのくに」。南海線内では特急扱いだった。

撮影：岩堀春夫

昭和37年

◀準急時代の南紀直通準急「きのくに」
急行に昇格する以前、準急時代のキハ5501・5551形「きのくに」は、薄い黄色に赤帯というカラーリングで運行されていた。

撮影：野口昭雄

　南海電鉄の前身・阪堺鉄道が開業した明治18(1885)年12月29日以来、130年の歴史を刻んだ大阪ミナミの大ターミナル。純民間資本による私鉄ターミナル駅としては日本最古の駅であり、駅の規模においても日本最大級を誇る。現在の駅舎は、御堂筋に面した壮麗な古典主義様式の南海ビルディングが4代目にあたり、昭和5(1930)年の第一期竣工(完工は昭和7年)以来、一貫して高島屋大阪店が入居している。ただ昭和40〜50年代の大改築工事により、ホームを含めた駅施設が少し南側に移設されたため、南海ビルとは別に現駅舎が"5代目"と解釈されることもある。

　ホームは9面8線の櫛形ホームを持ち、南海本線と高野線が4線ずつ使用している。南海は地下鉄との相互乗り入れを行なっていないため、一部の区間列車をのぞく本線・高野線の大半の列車が発着する。大阪南部や泉北ニュータウン、和歌山、高野山方面への玄関口であるが、かつては南紀直通列車や徳島・淡路航路連絡列車も数多く発着していた。現在も一部列車が和歌山港と徳島港とを結ぶフェリーに接続、わずかではあるが徳島方面からの利用も見られる。一方で平成6(1994)年の関西国際空港開港により空港線が開業、近年は外国人観光客の姿も多い国際色豊かなターミナルとなった。

懐かしい自動券売機 〔平成3年〕

ICカードが導入される以前の、ちょっと懐かしい券売機。小松島港までの通しの切符や、泉北高速鉄道の各駅への切符も買えた。

撮影：岩堀春夫

難波駅前交差点 〔昭和42年〕

ロータリーが整備される前の難波駅前。右側の建物は東宝系の映画館だった南街会館（2014年閉館）で、現在は「なんばマルイ」が建つ。日本の映画興行発祥の地でもある。

所蔵：上野又勇

高野線の特急「こうや」 〔昭和53年〕

昭和36（1961）年に登場した2代目「こうや」。20000系車両は1編成しかなかったが、当時の私鉄車両では最高水準の豪華さを誇っていた。

撮影：岩堀春夫

特急「こうや」（初代） 〔昭和28年〕

昭和26（1951）年に登場した初代「こうや」。先頭に元・貴賓車であるクハ1900形を連結していた。

所蔵：フォト・パブリッシング

古地図探訪　　　　難波付近

現在の南海ビルディングが竣功する前の難波駅周辺。新たな大阪の目抜き通りである御堂筋は、淀屋橋以南でようやく着工したばかりの時期であり、難波近辺ではまだ全く姿を現していない。当時の大阪は地図右側を南北に貫く筋（長堀橋筋、日本橋筋）がメインストリートであった。

また駅のすぐ南に建っていた煙草専売支局は空襲で焼失、跡地には昭和25（1950）年に大阪スタジアム（大阪球場）が建てられた。そのスタジアムも平成10（1998）年に閉鎖され、現在は複合商業施設「なんばパークス」に生まれ変わっている。ちなみに江戸時代には、このあたりは幕府の米蔵が建ち並び、道頓堀と水路で結ばれていたといわれる。

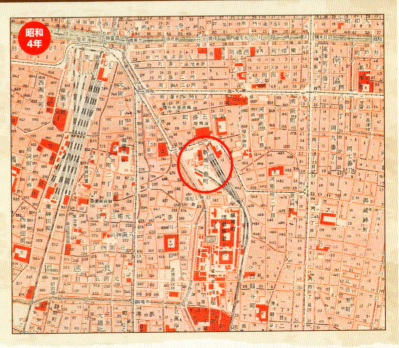

〔昭和4年〕

昭和37年

空から見た難波駅
堂々たる南海ビルの左斜め下、戎橋商店街沿いの建物は精華小学校。昭和初期の名建築であったが平成26(2014)年に解体された。

平成3年

撮影：岩堀春夫

難波駅全景
「南海サウスタワー大阪」（現・スイスホテル南海大阪）が竣功して間もない頃の難波駅。この2年後に新しいロゴマークが誕生、駅の表記も大きく様変わりする。

昭和43年

所蔵：上野又勇

難波駅前と女神像
女神像は昭和28(1953)年に平和を祈念して立てられた。背後には泉大津に工場を構えていた「オーツタイヤ」の宣伝が見える。

▶道頓堀角座前 昭和49年
松竹芸能の劇場だった「道頓堀角座」は平成19(2007)年に閉館、現在は新しい角座が建つ。
所蔵：上野又勇

◀新歌舞伎座（初代） 昭和50年
昭和33(1958)年に開場、御堂筋に面し難波の名物だった新歌舞伎座。老朽化のため平成21(2009)年に閉館、解体された。
所蔵：上野又勇

▼2000系が発車
極楽橋まで走行可能な新ズームカーとして登場した2000系。現在は新塗装となり、南海本線でも活躍している。

◀高野線の各停 平成3年
難波に到着する高野線の各停。かつては南海本線が緑、高野線の20m車が無地のステンレスカー、と大きく区別されていた。
撮影：岩堀春夫

平成3年

◀泉北3000系が到着 平成3年
3000系の後ろは南海ホークス（現・福岡ソフトバンクホークス）の本拠地、大阪球場。車窓からスタンドの一部が見え、試合開催時には歓声もよく聞こえた。
撮影：岩堀春夫

撮影：岩堀春夫

Imamiyaebisu St. / Shin-imamiya St. /
今宮戎、新今宮、

JR線との乗換駅・新今宮
高野線だけ停まる今宮戎・萩ノ茶屋

撮影：J.WALLY HIGGING

【今宮戎駅】
所 在 地	大阪府大阪市浪速区敷津東
ホーム	1面2線
乗降人員	1,331人
開業年	明治40（1907）年10月5日
キロ程	0.9キロ（難波起点）

【新今宮駅】
所 在 地	大阪府大阪市西成区萩之茶屋
ホーム	3面4線
乗降人員	85,525人
開業年	昭和41（1966）年12月1日
キロ程	1.4キロ（難波起点）

【萩ノ茶屋駅】
所 在 地	大阪府大阪市西成区萩之茶屋
ホーム	1面2線
乗降人員	1,683人
開業年	明治40（1907）年12月20日
キロ程	2.0キロ（難波起点）

▲今はなき種別「直行」
新今宮駅を発車した「直行」。現在の準急に近い運行形態で、昭和39（1964）年から43（1968）年までのわずか4年間だけ運行されていた。

▶カマボコ形の旧型電車
終戦直後に導入された、国鉄モハ63形と同型の1501形（クハ1951形）。導入当時は羽車の車掌が描かれていた。

◀新今宮駅ホーム
高野線の上り列車と南海本線の下り列車は、同一ホーム上で乗り換えができる。

　難波駅を発車した南海本線の列車は、今宮戎駅を横目に見ながら、難波に次いで乗降客数の多い新今宮駅に停車する。JR関西本線・大阪環状線との接続駅として昭和39（1964）年に開設された、南海では比較的新しい駅であり、JR線とは駅の真下で交差している。両社の改札口はコンコースを挟んで向かい合い、乗り換えの便は良い。またJR駅を挟むため少し離れているが、阪堺電鉄阪堺線の新今宮駅前駅や地下鉄御堂筋線・堺筋線の動物園前駅にも乗り換えが可能である。

　駅南側は労働者の町として知られる西成区北部の「あいりん地区」、東側は通天閣やジャンジャン横丁（南陽通商店街）などの観光スポットで有名な「新世界」にあたる。

　その新今宮駅を挟むように、北側には今宮戎駅が、南側に萩ノ茶屋駅がある。どちらの駅も新今宮駅のホームからよく見えるほどの至近距離にあるが、ホーム自体は高野線側にしかない。これは現在では高野線専用となった東側の2線に、難波〜住吉公園（現・住吉大社）間の区間運転の"各停"が走っていた通称"東線"時代からの名残りであり、東線が姿を消した現在も今宮戎、萩ノ茶屋の2駅には高野線側の列車しか停車できない。そのため、現在なお南海線を"普通"、高野線を"各停"と列車の名称が使い分けているのである。

Haginochaya St.
萩ノ茶屋
（はぎのちゃや）

▶萩ノ茶屋駅ホーム 昭和51年
南海本線側にはホームがないため、撮影地のポイントとしても人気が高い。
撮影・野口昭雄

▲今宮戎駅改札口 現在
改札口から今宮戎神社は目と鼻の先。「十日戎」の折は駅前から露店が並び、普段は閉まっている出札窓口も営業を行なう。

◀新今宮駅から見下ろす 昭和49年
新今宮駅は西成区の「あいりん地区」に近く、駅周辺は独特の雰囲気に包まれている。かつては駅の直下に集合するラーメン屋台をホームや車窓から見ることができた。
所蔵：上野又勇

▲萩ノ茶屋駅改札口 現在
天王寺支線が分断されたまま残っていた当時、この萩ノ茶屋駅が今池町駅との乗り換え駅であり、通しの運賃で切符が買えた。

古地図探訪
今宮戎・新今宮・萩ノ茶屋付近

南海本線と関西本線の交差部に新今宮駅はなく、後の大阪環状線もまだ環状運転しておらず、すでに開通していた東半分は「城東線」、大阪〜西九条〜桜島間は「西成線」と呼ばれていた。阪堺線が恵美須町〜南霞町（現・新今宮駅前）駅の間で大阪市電と併走していたが、南霞町駅東側には市電の天王寺車庫があった。九条車庫と並ぶ一大拠点であり、市電廃止後は市バスの車庫などで使用されていたが、平成9（1997）年に遊園地「フェスティバルゲート」（通称"フェスゲ"）が開園。建物内をジェットコースターが貫いて走るという画期的な遊園地で話題を呼ぶものの、赤字続きで平成19（2007）年に閉園。その後の再開発計画も紆余曲折のすえ、現在は大手チェーンの入居する商業施設が建っている。

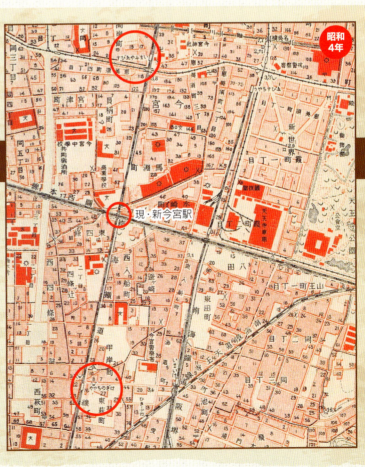

昭和4年

大阪市 / 堺市 / 高石市 / 泉大津市 / 忠岡町 / 岸和田市 / 貝塚市 / 泉佐野市 / 田尻町 / 泉南市 / 阪南市 / 岬町 / 和歌山市

Tengachaya St. / Kishinosato-tamade St.
天下茶屋、岸里玉出

天王寺支線が分岐していた天下茶屋
2つの駅が合併した岸里玉出

【天下茶屋駅】

所 在 地	大阪府大阪市西成区岸里
ホ ー ム	3面4線
乗降人員	65,007人
開 業 年	明治18(1885)年12月29日
キ ロ 程	3.0キロ(難波起点)

【岸里玉出駅】

所 在 地	大阪府大阪市西成区玉出東
ホ ー ム	4面5線(うち南海本線1面2線)
乗降人員	18,121人
開 業 年	平成5(1993)年4月18日
キ ロ 程	4.1キロ(難波起点)

平成3年

撮影:岩堀春夫

◀**高架工事中の岸ノ里駅**
高架工事たけなわの岸ノ里駅を特急「サザン」が通過。すでに高野線は分断され、高架化に際して「岸里玉出駅」となる新しい高架ホームも姿を現している。

現在

◀**汐見橋線ホーム**
汐見橋線は岸里玉出駅の6番線から発着、2両編成の2200・2239が往復している。

昭和39年

撮影:荻原二郎

◀**地上駅時代の天下茶屋駅**
先代駅舎を空襲で焼失、昭和23(1048)年に再建された駅舎。高架工事とともに解体され、現在は近代的な高架駅となった。

　阪堺鉄道開業以来の歴史を誇り、難波、住吉大社とともに南海では最も古い駅である天下茶屋駅。その風雅な地名は、かつて天下人・豊臣秀吉が茶の湯を楽しんだ茶屋があったことから名付けられたといわれるが、明治期には駅東側の天下茶屋遊園が人気を博すなど、大阪郊外の行楽地としての位置づけであった。また、明治33(1900)年には天王寺への支線が開業、加えて車庫や車両工場なども併設されるなど、明治から昭和初期にかけて南海鉄道最大の拠点としても発展している。

　しかし、昭和に入って車庫や工場の移転、天王寺支線の廃止に高架化と、駅は目まぐるしく変貌した。そして平成5(1993)年に大阪市営地下鉄堺筋線の延伸開業によって乗り換え駅となり、駅は難波、新今宮に次ぐ都心側の主要駅となる。現在は特急を含む全列車が停車し、乗降客数は堺筋線延伸前の4倍以上に増えている。

　次の岸里玉出駅は平成5年の高架化に際し、岸ノ里駅と玉出駅が統合して誕生した。岸ノ里駅は、もともと違う私鉄であった南海本線と高野線の交差地点に設けられた駅であり、昭和60(1985)年に分断されるまでは南海本線上を高野線がまたいでいた。高架駅となった現在では汐見橋駅方面は高野線から完全に分断され、汐見橋から堺東方面に直通することはできない。

昭和43年
▲天下茶屋駅の踏切
複々線に加え車両工場もあった天下茶屋駅では踏切の幅も広く、ラッシュ時は「開かずの踏切」。みな急いで踏切を渡ったものだった。

昭和39年　撮影:岩堀春夫
▲統合前の玉出駅
諏訪ノ森駅ともよく似た、洒落た洋風駅舎の玉出駅。現在は高架化とともに岸ノ里駅と統合したため、往時の面影は全く残っていない。

昭和57年　撮影:野口昭雄
▲天王寺支線をゆく7000系
天下茶屋駅〜今宮戎駅が分断される前は7000系も走っていた天王寺支線。部分廃止後は1521系だけが支線内残されることになる。

昭和45年　所蔵:上野又勇
▲天下茶屋のアーケード街
駅前からまっすぐ東へと延びていた駅前商店街。アーケードが新しくなったものの、現在も下町情緒あふれる商店街は健在だ。

古地図探訪　天下茶屋・岸里玉出付近

　天王寺支線が分岐していた天下茶屋駅は、車両工場に車庫も併設した大きな駅であった。また岸ノ里駅は高野線が南海本線上をまたいで建設されており、南海本線から汐見橋方面に向かう短絡線と、難波から堺東方面に向かう短絡線も建設されている。その岸ノ里駅の東側、阪堺線の天神ノ森電停は、駅のすぐ西隣の天神ノ森天満宮の最寄り駅として開設された。また高野線と阪堺線が交差するすぐ北側の宮ノ下電停はすでに廃止され、現在はホーム跡だけが残っている。ちなみに"宮"とは駅東側の阿部野神社のことで、南北朝期に南朝方の武将として活躍した北畠顕家を祀っている。戦前期、南朝方の武将たちは楠木正成を筆頭に人気が高く、顕家を祀る阿部野神社も参拝客が絶えない人気スポットであった。

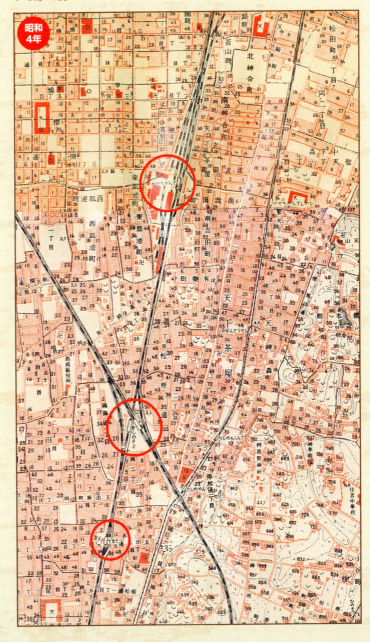
昭和4年

Kohama St. / Sumiyoshitaisha St. / Suminoe St.
粉浜、住吉大社

優等列車が普通を追い抜いて走る
住之江区内の高架複々線区間

【粉浜駅】

所在地	大阪府大阪市住吉区東粉浜
ホーム	2面4線
乗降人員	4,307人
開業年	大正6(1917)年4月21日
キロ程	5.1キロ(難波起点)

【住吉大社駅】

所在地	大阪府大阪市住吉区長峡町
ホーム	2面4線
乗降人員	8,605人
開業年	明治18(1885)年12月29日
キロ程	5.7キロ(難波起点)

【住ノ江駅】

所在地	大阪府大阪市住之江区西住之江
ホーム	2面4線
乗降人員	12,837人
開業年	明治40(1907)年8月21日
キロ程	6.7キロ(難波起点)

昭和29年
撮影:亀井一男

◆地上駅時代の粉浜駅
難波〜住吉公園間は地上時代から複々線であり、右側は区間列車が走っていた通称"東線"。粉浜駅には切り欠き式ホームの跡があった。

▶住吉公園駅
今も変わらぬ上町線の住吉公園駅。しかし、平成28(2016)年1月末で廃止された。

現在

◀粉浜駅
粉浜は『万葉集』にも詠われる歴史の古い町であり、駅前には歌碑が立つ。

昭和50年
撮影:荻原二郎

　現在、難波から石津川まで連続して高架路線となっている南海本線だが、そのうち粉浜〜住ノ江間は昭和55(1980)年に高架化され、加えて南海本線唯一の複々線区間でもあり、終日にわたり優等列車による普通の追い抜きが行われている。正確に言えば難波〜岸里玉出間も複々線だが、東側の2線を高野線が使用しているため、運行上は複線と変わらない。

　ちなみに高架化される以前も、住吉大社(当時の駅名は住吉公園)以北は複々線区間であった。現在は高野線専用となっている難波〜岸里玉出間も含めた、難波〜住吉公園間の通称"東線"で区間運転の"各停"が運行され、今宮戎、萩ノ茶屋、岸里、玉出、粉浜の5駅には区間運転の各停しか停車しなかったのである。この区間運転の各停は昭和45(1970)年に廃止された。

　昭和54(1979)年に住吉公園から改称された住吉大社駅は、その名の通り摂津一の宮・住吉大社の最寄り駅であり、阪堺電気軌道上町線の住吉公園駅に直結するが、平成28(2016)年1月末で住吉公園駅は廃止される予定である。そして大阪市内最後の駅となる住ノ江駅は天下茶屋から車両基地が移されて以降、現在も完全高架の住ノ江検車区が隣接する。なお四つ橋線およびニュートラムの住之江公園駅とは1キロ以上離れている。

住ノ江
すみのえ

住吉大社駅 現在
住吉公園と住吉大社に挟まれた高架駅であり、一年を通じて行楽客、参拝客で賑わっている。

住ノ江駅 現在
駅周辺は静かな住宅街。有名な住之江競艇場までは直線距離で1.5kmほど離れている。

住ノ江駅ホーム 現在
同じく高架の検車区が隣接しており、ホームからは南海本線の車両群を間近に眺められる。

住吉大社西の大鳥居 大正時代
住吉大社駅から参道を歩いて2〜3分で着く。この鳥居をくぐり、反橋を渡れば本殿は目の前だ。
所蔵：生田誠

古地図探訪
粉浜・住吉大社・住ノ江付近

　現在、この区間の南海本線は高架線となり、高架化に際して住吉公園駅は住吉大社駅と改称された。しかし、駅西側に住吉公園、東側に住吉大社の境内が広がるなど、駅周辺は現在とさほど変わっていない。また、住ノ江駅にもすでに車庫が建設されている。ただ上町線の住吉電停〜住吉公園駅間が、平成28(2016)年1月末で廃止され、明治期以来の歴史ある路線の一部が消えた。地図中央の「合同紡績住友工場」とは大阪合同紡績住吉工場のことで、後に東洋紡績(現・東洋紡)の工場となった。現在、跡地はUR都市機構住吉団地となっている。また、工場の南に建つ高燈籠は昭和25(1950)年のジェーン台風で損壊、解体されたが、現在は元の場所より200mほど東よりに再建されている。

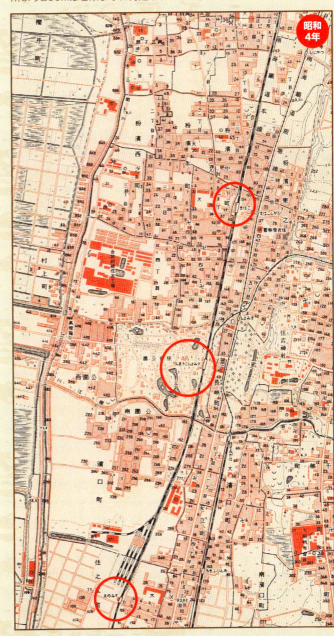
昭和4年

七道、堺
Shichidō St. / Sakai St.

大型商業施設が建設中の七道
阪堺鉄道時代の終着駅・堺

【七道駅】

所在地	大阪府堺市堺区鉄砲町
ホーム	1面2線
乗降人員	7,341人
開業年	大正6(1917)年4月21日
キロ程	8.2キロ(難波起点)

【堺駅】

所在地	大阪府堺市堺区戎島町
ホーム	2面4線
乗降人員	34,183人
開業年	明治21(1888)年5月15日
キロ程	9.8キロ(難波起点)

▲2001形電車 (昭和39年 撮影:J.WALLY HIGGING)

阪和電気鉄道(現・阪和線)が開業した昭和4(1929)年に登場、戦前の南海を代表する車両だった2001形(電9形)。有名な日本初の冷房車もこの形式であった。

◀堺駅東口 (現在)

近代駅な駅舎を持つ東口。目の前のバス乗り場からは堺東駅行き「堺シャトルバス」が頻発、利便性は良い。

▲南紀直通準急「南紀」 (昭和37年 撮影:林嶢)

下りは夜行、上りは昼行で運行されていた準急「南紀」。2001形電車に引っ張られた最後尾のサハ4801形客車が新宮駅まで直通していた。

▲7000系電車 (昭和39年 撮影:J.WALLY HIGGING)

平成27(2015)年9月末に全車引退した片開き扉の7000系。非冷房かつ方向幕なしで登場したが、昭和50年代以降に改造されている。

　大和川を渡り、堺市内に入って最初の駅が七道である。かつて鉄砲の製造で知られた堺の古い街並みが駅東側に残り、鉄砲鍛冶屋敷も現存する。また、駅北側に大規模な工場群を擁し、南海本線の車窓からもよく見えていたダイセル化学工業堺工場は、平成19(2007)年に閉鎖された。跡地には、平成28(2016)年春にイオンモール堺鉄砲町が開業する予定である。

　次の堺駅は、明治21(1888)年に大和川右岸(北岸)の大和川仮駅から延伸された、阪堺鉄道時代の終着駅。開業時の駅名は「吾妻橋」で、堺市の玄関駅として発展する。明治後期には駅西側の大浜が一大行楽地として賑わいを見せ、大正元(1912)年には堺駅の南に新たに龍神駅が開業、同年に開通した阪堺電気軌道大浜支線との乗り換え駅となった。以後、中心駅は龍神に移り、戦後の一時期には堺駅が貨物専用駅となっていたこともあった。しかし、昭和30(1955)年に堺・龍神両駅が統合されて新しい堺駅が誕生する。昭和60(1985)年に高架化され、現在の駅の姿となった。

　80万都市・堺市の玄関駅だけあり、乗降客数は天下茶屋以南の本線の駅では最も多い。もっとも実際の市の中心は高野線堺東駅の側であり、両駅の間にはシャトルバスが頻発している。

昭和45年

🔺**七道駅付近のプールより**

七道駅近くのプール越しに南海本線を遠望する。南海本線はまだ地上を走っており、周囲は小さな町工場が多く煙突が林立していた。

所蔵：上野又勇

昭和50年

撮影：岩堀春夫

🔺**凸型電気機関車が牽引する貨物列車**

南海の機関車といえば凸型。ED5151形は東芝製のいわゆる40トン標準型電機であり、主力車種として活躍している。重連で牽引する雄姿を南海本線では昭和50年代初頭まで見ることができた。

現在

◀**旧堺灯台**

堺駅からほど近い堺旧港の旧堺灯台。明治10（1877）年に建造され、現存する木造の洋式灯台としては日本最古といわれる。昭和43（1968）年まで現役だった。

🚶 古地図探訪　堺付近

東西を紡績工場に挟まれ、堺旧港にも近い堺駅は、南海本線では最大の貨物の拠点であり、戦後の一時期は旅客営業を休止していた。一方の龍神駅は繁華街として賑わい、昭和30年の両駅の統合時には龍神寄りに駅が設けられる。しかし、高架に際し、ふたたび旧堺駅寄りに戻った。また、南海線の西側には、俗に"新阪堺"と呼ばれていた南海とは無関係の阪堺電鉄阪堺線（後の大阪市電阪堺線、昭和43年廃止）の線路も通じている。一方、南海の阪堺線の大浜支線は、龍神電停で南海本線と交差したあと、大浜公園内を潮湯の前まで走っていた。公園内には潮湯や公会堂のほか、明治36（1903）年に開かれた第5回内国勧業博覧会に際して開設され、"東洋一"と讃えられた堺水族館も確認できる。

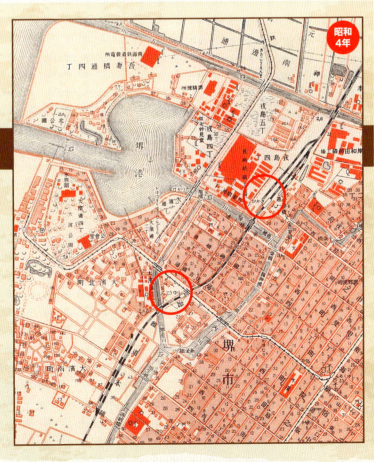

昭和4年

Minato St. / Ishizugawa St. / Suwanomori St. / Hamaderakōen St.
湊、石津川、諏訪ノ森、浜寺公園

文化財級の木造駅舎が今も健在
明治以来の海浜リゾート・浜寺

昭和36年

🔵 臨時列車「友ヶ島」号
"キャンプ列車"こと加太線直通の「友ヶ島」号。ほかにも難波〜和歌山市間をノンストップで走った「ナイター列車」など、かつては様々な臨時列車が運転されていた。

撮影：林嶠

現在

🔵 湊駅
駅の所在地である出島町は、古くは湊村と呼ばれていた。駅前には海辺の風景を詠った与謝野晶子の歌碑が立てられている。

現在

🔵 浜寺公園駅
駅舎は明治40（1907）年の築。設計者の辰野金吾は工部大学校（後の東京大学工学部）一期生で、東京駅の赤レンガ駅舎も手がけた人物。

堺駅以南は明治30（1897）年に南海鉄道によって開通した区間であり、湊駅は開業と同時に開設された歴史の古い駅。堺駅が高架化された昭和60（1985）年に、次の石津川駅とともに高架駅となり、往時の面影は残っていない。臨海地域の発展とともに駅周辺の宅地化も進み、かつて石津地区の名物として知られた井戸水汲み上げ用の風車群も見ることはできなくなった。

石津川を渡るとようやく、難波から続いた高架区間が終わる。諏訪ノ森駅は大正8（1919）年に建てられた瀟洒な洋風駅舎が健在で、国の登録有形文化財。開業時の駅名が「北浜寺」であったことからも分かるように、かつて大浜と並ぶ関西屈指の海浜リゾート・浜寺の北端に位置し、駅舎上部のステンドグラスには松林の続く海岸も描かれている。

そして次の浜寺公園駅こそ、建築界の巨人・辰野金吾の設計による白亜の駅舎であまりにも有名だ。海水浴のメッカであった浜寺公園への最寄り駅であり、白砂青松の松原が美しい風光明媚の地として文人墨客にも愛された。また駅周辺は高級住宅街として発展、現在も落ち着いた佇まいを見せている。なお諏訪ノ森、浜寺公園の両駅を含めた連続立体交差事業が進んでおり、高架駅となった後も両駅舎は保存・活用される予定である。

【湊駅】

所 在 地	大阪府堺市堺区出島町
ホ ー ム	1面2線
乗降人員	6,523人
開 業 年	明治30(1897)年10月1日
キ ロ 程	11.2キロ(難波起点)

【石津川駅】

所 在 地	大阪府堺市西区浜寺石津町
ホ ー ム	2面2線
乗降人員	13,786人
開 業 年	大正8(1919)年6月1日
キ ロ 程	12.7キロ(難波起点)

【諏訪ノ森駅】

所 在 地	大阪府堺市西区浜寺諏訪ノ森町西
ホ ー ム	2面2線
乗降人員	8,013人
開 業 年	明治40(1907)年12月20日
キ ロ 程	13.8キロ(難波起点)

【浜寺公園】

所 在 地	大阪府堺市西区浜寺公園町
ホ ー ム	2面4線
乗降人員	4,277人
開 業 年	明治30(1897)年10月1日
キ ロ 程	14.8キロ(難波起点)

昭和38年

▶石津川駅 【現在】
難波から続く高架区間の南端にあたる駅。駅前にはかつて石津名物として知られた、風車のモニュメントが立てられている。

▶浜寺公園プール
閉鎖された海水浴場に代わって昭和38(1963)年に登場した大プール。当時は東洋一の規模と謳われた。
所蔵:上野又勇

撮影:岩堀春夫

◀浜寺公園駅の駅前通 【平成8年】
夏には浮き輪を売る店などが並んだ駅前通。現在は区画整理により道が拡幅され、往時の面影は失われた。

◀諏訪ノ森駅 【現在】
浜寺公園駅と並び名駅舎と名高い。上下ホームはやや離れていて、この駅舎は上り難波行きホームにある。

🚶 古地図探訪
湊・石津川・諏訪ノ森・浜寺公園付近

大浜から浜寺にかけ、砂浜が途切れることなく続いている。この砂浜はさらに高石を経て、助松まで延びていた。この砂浜が昭和30年代後半以降、コンビナートに変わっていくことになる。湊駅北側の日本航空輸送研究所とは、大正11(1922)年に創設された日本初の民間の航空会社。大浜にあった水上飛行場を起点として定期便を運航していた。現在は研究所跡の近く、出島漁港の片隅に「航空輸送発祥記念碑」の碑が立つ。また、石津川左岸(南岸)にある浪速紡績は大正元(1912)年の創業で、大和紡績(現・ダイワボウホールディングス)の前身企業のひとつ。昭和4年当時はすでに金沢紡績と合併、錦華紡績に社名を変えていた。現在、工場跡地は住宅街やゴルフ練習場に変わっている。

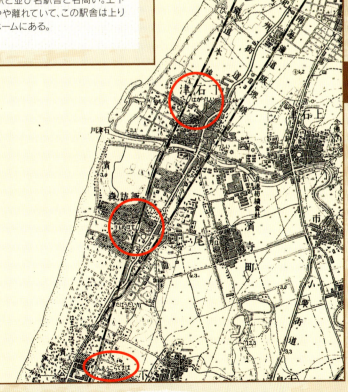

昭和4年

19

Hagoromo St. / Takaishi St. / Takashinohama Line

羽衣、高石、高師浜線
（伽羅橋、高師浜）

高架工事の進む羽衣・高石
高級住宅街を結ぶ高師浜線

【羽衣駅】
所在地	大阪府高石市羽衣
ホーム	2面3線（うち南海本線1面2線）
乗降人員	23,495人
開業年	明治45（1912）年3月1日
キロ程	15.5キロ（難波起点）

【高石駅】
所在地	大阪府高石市千代田
ホーム	2面4線
乗降人員	9,620人
開業年	明治34（1901）年3月1日
キロ程	17.4キロ（難波起点）

【伽羅橋駅】
所在地	大阪府高石市羽衣
開業年	大正7（1918）年10月2日

【高師浜駅】
所在地	大阪府高石市高師浜
開業年	大正8（1919）年10月25日

撮影：岩堀春夫
▲高師浜駅　昭和49年
「音に聞く高師の浜のあだ波はかけじや袖の濡れもこそすれ」と『百人一首』（祐子内親王家紀伊）にも詠われた高師浜の最寄り駅だった。

▶羽衣駅ホーム　昭和49年
難波行き普通が入線する右側の3番線が高師浜線ホーム。かつては1521系単行だったが、現在は2200・2230系の2両編成で運行される。

▲現在の高師浜駅　現在
高架駅となった現在もステンドグラスを持つ瀟洒な洋風駅舎は健在。駅前に「浜寺俘虜（捕虜）収容所跡」の碑が立つ。

　高師浜線とJR阪和線の支線である通称"東羽衣線"が接続する急行停車駅・羽衣。浜寺公園駅とともに浜寺公園の最寄り駅であり、子供汽車が運行される交通遊園などへは羽衣駅の方が近い。また、隣接するJRの東羽衣駅も、阪和電気鉄道の終点として開業した当時の駅名は「阪和浜寺」であり、かつては海水浴客をめぐって南海と激しく争うライバル関係にあった。なお昭和初期には、当駅から天野山金剛寺を経て長野（現・河内長野）に至る天野山鉄道が企図されたが、実現しなかった。

　この羽衣駅から分岐する高師浜線は、大正7（1918）年に伽羅橋駅まで、翌8（1919）年に終点の高師浜駅まで開通した全長1.5キロの短い支線。沿線は大正期より高級住宅街として開発され、アメリカ風の洒落た住宅が建ち並ぶ「キャラバシ園」も開発された。高石駅からも徒歩圏内にありながら、今も利用者は少なくない。

　高石駅は、葛葉稲荷神社参詣のための臨時駅として開設され、明治末年からは周辺の陸軍関連施設への物資輸送を請け負っていた歴史を持つ。駅名は開業時の「葛葉」から「高石町」を経て現駅名となったが、市役所の最寄り駅ながら急行は停車せず、乗降客数は羽衣駅の半数程度にとどまる。なお羽衣・高石両駅は平成28（2016）年現在、高架工事による仮駅での営業となっている。

現在の羽衣駅ホーム

高架工事のため仮設ホームであり、高師浜線は上りホームの南寄りを切り欠いて作られている。高師浜線を含め2面3線構造であり、急行停車駅ながら待避設備はない。

▶**高架工事中の高石駅**

羽衣駅と同じく、高石駅も高架工事中。退避可能な2面4線構造であり、かつては堺駅以北で急行となる、いわゆる「青準急」の始発駅だったが、現在は当駅始発の準急はない。

◀**仮設の羽衣駅**

浜寺公園側の出入口。以前は「新東洋」や「羽衣荘」など、宴会や結婚式でお馴染みの大旅館が多く建っていた羽衣界隈だが、時代の流れでいずれも閉館してしまった。

伽羅橋駅

昭和45(1970)年に高架駅となった伽羅橋駅。駅前の伽羅橋公園は「大阪みどりの百選」に選ばれた。なお高架下の商店街は今では完全なシャッター通りとなっている。

古地図探訪

羽衣・伽羅橋・高師浜付近

　南海本線に沿って西側を紀州街道が、さらに西側を砂浜がずっと続いていた。羽衣駅ではこの年の開業したばかりの阪和電鉄(現・阪和線)阪和浜寺駅(現・東羽衣駅)が接続している。また阪和浜寺への支線と本線が合流する鳳駅の北側には、和泉国一宮で泉州最大の初詣客を数える大鳥大社があった。一方、高師浜線は従来からの高石の集落の少し北側に建設されたが、すでに宅地開発がはじまり、「伽羅橋園」の文字が確認できる。また高師浜駅周辺は日露戦争後、ロシア兵の捕虜収容所があり、整然と区画された敷地内に最大で2万8千人もの捕虜が収容されていたといわれる。収容所閉鎖後も碁盤の目ように築かれた区画は残され、駅開設後に整備された住宅街にも活かされている。

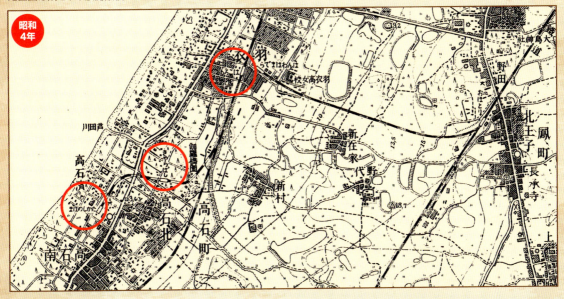

Kita-sukematsu St. / Matsunohama St. /
北助松、松ノ浜、

浜寺と並ぶ海水浴場だった松ノ浜
毛布で有名な繊維の町・泉大津

【北助松駅】

所 在 地	大阪府泉大津市東助松町
ホーム	2面2線
乗降人員	12,643人
開業年	昭和32（1957）年12月28日
キロ程	18.5キロ（難波起点）

【松ノ浜】

所 在 地	大阪府泉大津市二田町
ホーム	2面2線
乗降人員	3,821人
開業年	大正3（1914）年12月10日
キロ程	19.4キロ（難波起点）

【泉大津駅】

所 在 地	大阪府泉大津市旭町
ホーム	2面4線
乗降人員	26,151人
開業年	明治30（1897）年10月1日
キロ程	20.4キロ（難波起点）

提供：泉大津市教育委員会

◉泉大津駅
橋上駅となる前の泉大津駅。当時は海に近い西側が玄関口であり、昭和24（1949年）にはロータリーが整備されている。

▶西口側のロータリー
市制10周年を記念するアーチが掲げられた駅前ロータリー。右の建物は市役所の分館。後に再開発される東側は貨物ヤードが広がり、毛布工場が建ち並んでいた。

◀現在の泉大津駅
平成6（1994）年に完成した東口。平成24（2012）年には駅舎も高架駅となった。

提供：泉大津市教育委員会

　全国一の毛布の産地として知られる泉大津市には鉄道駅は3つある。最も新しい北助松駅は、日本住宅公団（現・都市再生機構）助松団地の最寄り駅として昭和32（1957）年に開設された。南北で幹線道路の跨線橋が設けられている関係上、高架化から取り残された駅となった。10月の祭礼時には、駅前の踏切を横断する地元・助松町のだんじりを見ることができる。

　その北助松の開設以前、松ノ浜駅が「助松」を名乗っていた。かつては〝南浜寺〟とも呼ばれ、海岸沿いには邸宅が建ち並び、昭和23（1948）年に開設された助松海水浴場は浜寺と並ぶ人気を誇った。海岸は昭和30年代後半に埋め立てられ、現在は臨海工業地域へと変貌しているが、駅西側は今も閑静な高級住宅街である。

　そして市の中心駅・泉大津は、かつては特急や南紀直通列車が停車していた時期もあった、開業以来の歴史を持つ主要駅。乗降客数では岸和田や泉佐野などの特急停車駅を上回り、堺以南の南海本線の駅では最多を誇る。駅西側には日本の毛布発祥の地でもある古い街並みが残り、秋には〝濱八町〟と称される8つの町のだんじりが曳行される。その歴史は岸和田より古いといわれ、だんじり同士をぶつけ合う「かちあい」を現在も守り伝える地域としても知られている。

Izumiōtsu St.
泉大津
いづみおおつ

古地図探訪　松ノ浜・泉大津付近

往古の昔には"小津"と呼ばれていた大津は、明治初期に初の国産毛布を生んだ街。市内にはノコギリ屋根の毛布工場が多く、旧市街の"浜街道"沿いには今も古い街並みが残る。また、市街地の東側の墓地には、高師浜のロシア兵収容所で亡くなった兵士を埋葬した89基の墓石が並んでいる。泉大津駅の表玄関は長らく旧市街に面した海側だったが、平成に入り旧穴師・上條村の側にロータリーが完成、新たな表玄関となった。地図の右下、豊中集落の中心にある和泉国二宮・泉穴師神社は、本殿をはじめ多くの国指定重要文化財を有する。なお地図で「助松」とある駅は現在の「松ノ浜」。海岸は昭和30年代まで海水浴場だった。

昭和36年
▲北助松駅
戦後の新しい駅である北助松駅は、開業当時の見渡すかぎりの田園風景から一変、駅前には賑やかな商店街が誕生した。駅自体は現在もさほど変わっていない。

昭和49年
▶泉大津駅
橋上駅に改築中の泉大津駅。西口の駅舎は取り壊され、「ショップ南海」が入居する駅ビルが建てられた。

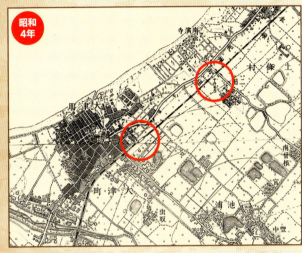

昭和4年

昭和42年
▲泉大津駅駅前、朝の通勤風景
駅前ロータリーから南へ線路沿いの道を歩く通勤客。高架化された今も、この通りは往時と変わらぬ雰囲気が残っている。

昭和32年
▶北助松駅開設を祝う
開設当時はまだ助松海水浴場は健在で、松ノ浜駅とともに最寄り駅としても賑わった。現在は上下ホームそれぞれに改札口が設けられている。

昭和36年
◀松ノ浜駅
「助松」を名乗っていた当時は夏になると海水浴客で賑わった松ノ浜駅。急行が臨時停車することもあった。

昭和36年
▲松ノ浜駅の構内踏切
かつては多くの駅に存在した構内踏切。松ノ浜駅では後に跨線橋が設けられ、構内踏切は廃止された。現在は高架駅となっている。

Tadaoka St. / Haruki St. / Izumi-ōmiya St.
忠岡、春木、和泉大宮

泉北郡唯一の町、忠岡町
岸和田市北部の春木、和泉大宮

【忠岡駅】
所在地	大阪府泉北郡忠岡町忠岡南
ホーム	2面2線
乗降人員	9,669人
開業年	大正14(1925)年7月11日
キロ程	22.3キロ(難波起点)

【春木駅】
所在地	大阪府岸和田市春木若松町
ホーム	2面3線
乗降人員	15,039人
開業年	大正3(1914)年10月18日
キロ程	23.7キロ(難波起点)

【和泉大宮駅】
所在地	大阪府岸和田市上野町東
ホーム	2面2線
乗降人員	4,963人
開業年	昭和12(1937)年4月10日
キロ程	25.0キロ(難波起点)

昭和40年 提供:忠岡町

◀忠岡駅下りホーム改札口
ホームの和歌山側に設けられていた改札口。現在は店舗の入居する駅舎に改築され、改札口は東側に設けられている。

現在

▶春木駅前通り
駅前通りは昔ながらの商店街が続き、線路より西側はだんじり祭りのパレードコースでもある。

昭和47年 提供:岸和田市

◀現在の忠岡駅
上りホーム側は今も和歌山寄りに改札口があり、地元の特産品が展示されている。

　泉大津を発車して大津川を渡ると、泉北郡忠岡町に入る。忠岡駅は町内で唯一の駅であり、急行は停車しないものの利用客は比較的多く、駅前の通りにも賑わいが見られる。茶器や水墨画などの東洋美術のコレクションで知られる、正木美術館の最寄り駅でもある。

　岸和田市に入って最初の駅である春木は、演歌『泉州春木港』などで知られる港町。かつては羽倉崎行きや多奈川行き「淡路号」など、急行でも和歌山市まで行かない列車だけが停車していた。その運行形態は空港線開業後も続いていたが、近年は空港急行以外の急行の大半が春木にも停車する区間急行となったことで、ラッシュ時をのぞけば他の急行停車駅とほとんど変わらなくなっている。また岸和田競輪場の最寄り駅でもあり、レース開催日には急行の臨時停車なども行われる。なお年配のファンには懐かしい、昭和49(1974)年に廃止された春木競馬場への最寄り駅でもあった。駅の南に位置する中央公園こそ、かつての競馬場の跡地である。

　次の和泉大宮駅は岸和田市内中心部の市街地に位置しており、駅名の「大宮」とは駅の北東に鎮座する兵主神社を指している。兵主神社には秋の祭礼で地元のだんじり3台が宮入するが、9月に行われる旧市および春木地区ではなく、10月祭礼の地区のだんじりである。

古地図探訪

忠岡・春木付近

春木駅の西側、紀州街道沿いに春木の市街地が、駅南側には春木競馬場が確認できる。春木町北側の紡績会社は大正元（1912）年に操業を開始した岸和田紡績の春木工場。岸和田紡績は大日本紡績（現・ユニチカ）の母体となる泉州最大の紡績会社で、創業者の寺田甚与茂は南海鉄道の社長もつとめていた。現在、春木工場の跡地は市立春木中学校となっているが、中学校の塀には地元岸和田産のレンガで築かれた工場時代のレンガ塀が今も使われている。

また市街地南側の工場は後に東洋紡績（現・東洋紡）に吸収される和泉紡績の工場で、現在のUR都市機構春木団地が跡地である。なお、その南側の春木川左岸（南岸）には、海岸沿いの大阪窯業岸和田工場から東へと延びていたトロッコ軌道線も記されている。

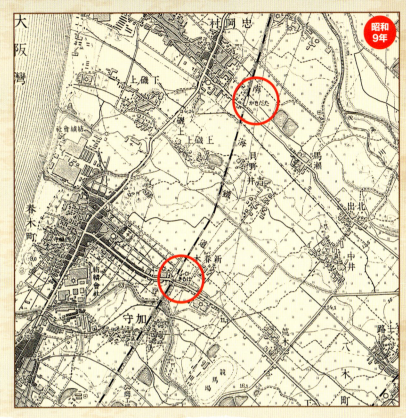

昭和9年

現在

◀春木駅

上りホーム側の改札口。競輪開催日にオープンする臨時の改札口や窓口がある。行き止まり式の3番線からは、平日朝のみ当駅始発の列車が発車する。

現在

▲和泉大宮駅

改札口は上下ホームそれぞれに設けられ、ホーム間の移動はできない。上りホーム側の改札口には、駅務室を備えた2階建て駅舎が建ち、正面がバス乗り場となっている。

昭和46年

◀和泉大宮駅前横町

ネオンが明るい夜の和泉大宮駅。普通しか停車しない駅ながら、駅周辺には現在も飲食店や居酒屋が建ち並び、銀行やスーパーマーケットもあって活気がある。

所蔵：上野又勇

Kishiwada St. / Takojizō St.
岸和田、蛸地蔵

泉州だんじり文化の中心・岸和田
ステンドグラスが美しい蛸地蔵

【岸和田駅】	
所在地	大阪府岸和田市宮本町
ホーム	2面4線
乗降人員	23,039人
開業年	明治30(1897)年10月1日
キロ程	26.0キロ(難波起点)

【蛸地蔵駅】	
所在地	大阪府岸和田市岸城町
ホーム	2面2線
乗降人員	4,766人
開業年	大正3(1914)年4月1日
キロ程	26.9キロ(難波起点)

昭和41年

提供：岸和田市

◀ だんじり祭り
駅前で"やりまわし"をする春木南の地車(だんじり)。春木南は春木地区ながら旧市地区に参加しており、写真の先代は現在では別所町が曳行している。

現在

◀ 現在の岸和田駅
堺以南の泉州地域では、他に先駆けて平成6(1994)年に高架化が完成した。

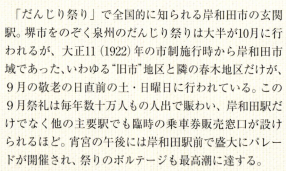

現在

▶ 蛸地蔵駅
隠れた名駅舎・蛸地蔵駅。駅前の通りは車がすれ違うのも難しいほど幅が狭く、下町情緒にあふれている。

　「だんじり祭り」で全国的に知られる岸和田市の玄関駅。堺市をのぞく泉州のだんじり祭りは大半が10月に行われるが、大正11(1922)年の市制施行時から岸和田市域であった、いわゆる"旧市"地区と隣の春木地区だけが、9月の敬老の日直前の土・日曜日に行われている。この9月祭礼は毎年数十万人もの人出で賑わい、岸和田駅だけでなく他の主要駅でも臨時の乗車券販売窓口が設けられるほど。宵宮の午後には岸和田駅前で盛大にパレードが開催され、祭りのボルテージも最高潮に達する。
　江戸時代に岡部家5万3千石の城下町であった岸和田は、祭りはもちろん、文化や経済においても泉州地域の中心であり、岸和田の経済力は堺以南の南海鉄道を開通させる原動力ともなった。現在も企業や官公庁の出先機関が集中するほか、泉州随一の観光地でもある。
　もっとも岸和田城や「だんじり会館」などの観光スポットへは、次の蛸地蔵駅の方が近い。この変わった駅名は、安土桃山時代に豊臣秀吉方だった岸和田城を一向一揆の軍勢が猛攻撃を仕掛けた際、大蛸に乗った法師と無数の蛸が城を守ったという伝説に由来する。この蛸が地蔵菩薩の生まれ変わりであったことから、地蔵菩薩を祀った"蛸地蔵"こと天性寺であり、今も参拝者が絶えない。また瀟洒な駅舎のステンドグラスにも、この蛸地蔵の伝説が描かれている。

昭和45年

▶駅前通商店街
岸和田駅前から西へと延びるアーケード街。だんじり祭りではメインの曳行コースとなる。

▼岸和田城
戦後の復元ながら天守閣を持つ岸和田城。天守閣は昭和29（1954）年に再建され、内部は資料館になっている。

昭和45年

◀商店街をゆく
アーケード街の向こうに岸和田駅が見える。だんじりが通るアーケードは、昭和38（1963）年の完成時、日本一の高さといわれた。現在では「七夕祭り」が行なわれる仙台市のアーケードの方が高いといわれる。

現在

古地図探訪

岸和田・蛸地蔵付近

岸和田駅の西側から蛸地蔵駅北側に城下町が広がっている。9月のだんじり祭りに参加する全22町のうち、三郷（町方・浜方・村方）の15町が宮入する岸城神社は、城のすぐ東側。

また、別所町や藤井町など市街東側の6町が宮入する岸和田天神宮は、駅の東に鎮座する。駅前から市街地を貫くアーケード街はまだなく、だんじり祭り最大の見どころである通称「カンカン場」付近には岸和田紡績と岸和田煉瓦の工場が建っていた。「カンカン場」の呼称は、かつて船の重量を測った「看貫場」に由来する。現在、工場跡地付近は府道29号臨海線が通り、大型商業施設「岸和田カンカンベイサイドモール」などが建つ。

昭和9年

Kaizuka St. / Nishikinohama St. / Tsuruhara St. / Iharanosato St.

貝塚、二色浜、鶴原、井原里
（かいづか、にしきのはま、つるはら、いはらのさと）

日本女子バレーの聖地・貝塚
二色浜は今も海水浴場として賑わう

【貝塚駅】
所在地	大阪府貝塚市海塚
ホーム	2面4線
乗降人員	20,515人
開業年	明治30（1897）年10月1日
キロ程	28.6キロ（難波起点）

【二色浜駅】
所在地	大阪府貝塚市澤
ホーム	2面2線
乗降人員	4,447人
開業年	昭和11（1936）年6月
キロ程	30.4キロ（難波起点）

【鶴原駅】
所在地	大阪府泉佐野市鶴原
ホーム	2面2線
乗降人員	3,172人
開業年	大正5（1916）年5月15日
キロ程	31.3キロ（難波起点）

【井原里駅】
所在地	大阪府泉佐野市下瓦屋
ホーム	2面2線
乗降人員	3,005人
開業年	昭和27（1952）年4月1日
キロ程	32.4キロ（難波起点）

昭和40年

提供：貝塚市教育委員会

○貝塚駅西口
決して広いとはいえない駅前広場で、水間鉄道系列のタクシーが客待ちをする西口。写真上部、駅南側には明治44（1911）年に建てられた赤レンガ造の変電所があった。

昭和30年

提供：貝塚市教育委員会

○西口駅舎
モダンな円形の駅舎が建ち、水間鉄道で改札口は共有だった。平成2（1990）年に南海が橋上駅となって以降、改札口は分けられている。

　貝塚といえば"日紡貝塚"。昭和30年代、大日本紡績（現・ユニチカ）貝塚工場の女子バレーボールチームは、"東洋の魔女"と呼ばれ恐れられた世界最強のチームであった。日紡貝塚単独で参戦した昭和37（1962）年の世界選手権で優勝したほか、昭和39（1964）年の東京オリンピックの日本代表も12名中10名が日紡貝塚の選手であり、決勝で宿敵・ソ連を破り金メダルに輝いている。日紡貝塚の栄光は、金メダル獲得から半世紀が過ぎた今も色あせていない。

　その貝塚市内の南海電鉄の駅は貝塚と二色浜の2駅。急行停車駅である市の中心駅・貝塚では水間鉄道が接続し、かつて作家・今東光が住職をつとめていたことで名高い水間寺へと行くことができる。また二色浜駅も京阪神有数の海水浴場への最寄り駅として知られる。

　泉佐野市に入って最初の駅が鶴原駅である。今も昔も魚釣りのポイントが豊富な南海沿線だが、鶴原もかつてはタコ釣りの名所として知られ、駅前では釣り船の案内をする蛸茶屋も営業していた。そして井原里駅は戦後になって設けられた新しい駅。駅周辺にはワイヤーロープや地場作業のタオルなどを製造する町工場が点在していたが、近年は数が減り、新興住宅街のほかショッピングモールや病院などが増えている。

貝塚駅の貨物ホーム 昭和40年

旅客ホームに隣接して、私鉄としては大規模な貨物ホームが設けられていた。南海本線では最後まで貨物の取扱を続け、昭和52(1977)年に春木駅とともに廃止されている。

所蔵：上野又勇

現在の二色浜駅 現在

どことなく行楽地らしい雰囲気が漂う駅舎。近年になって外壁が塗り直されるなど美しくリニューアルされている。

二色の浜海水浴場

浜寺、助松海水浴場なきあと、南海沿線を代表する海水浴場となった二色浜。海水浴のほか潮干狩りの行楽客などで賑わうが、駅から海岸までは1キロ以上離れており、徒歩で20分程度かかる。

昭和39年
所蔵：上野又勇

二色浜駅 昭和29年

かつては駅周辺にほとんど何もなかった二色浜駅。現在は周辺も宅地化され、他の駅と同様に通勤通学の利用も多い。

提供：貝塚市教育委員会

井原里駅

周囲の工場で働く人々のために開設された駅。上下ホーム間は構内踏切で結ばれている。

提供：泉佐野市教育委員会

鶴原駅

かつては釣りの名所だった鶴原。今では海岸は埋め立てられ、工場が建ち並ぶ。

提供：泉佐野市教育委員会

古地図探訪

貝塚・二色浜・鶴原付近

戦国期に"貝塚御坊"願泉寺の寺内町として発展した貝塚。旧国道26号線（府道204号線）が集落の中心を貫通する現在も昔ながらの街並みが残され、駅前からの道路事情も決して良いとはいえない。

また駅の反対側では水間鉄道が接続しているが、開業時は駅のすぐ南の貝塚南駅が起点だった。開業2年後に貨物線が貝塚駅まで開通、後に旅客列車も乗り入れるようになった。貝塚南駅は昭和27(1952)年に海塚駅に改称、その20年後に廃止されている。

なお後に海水浴場として発展する二色浜は海岸線の西端、澤新田集落の西側一帯の砂浜にあたる。昭和13(1938)年に臨時駅として開設される二色浜駅は浦田集落の南、ため池のすぐ北に設けられた。

昭和9年

Izumisano St. / Airport Line
泉佐野、空港線 (りんくうタウン、関西空港)

タオルの町から世界への玄関口へ
変貌を遂げた泉佐野と空港線

◀ 泉佐野駅（昭和46年）

昭和40（1965）年に改築され、改札口が地下に設けられた泉佐野駅。その後、平成18（2006）年に高架駅に改築されている。

【泉佐野駅】
所在地	大阪府泉佐野市上町
ホーム	3面4線
乗降人員	40,700人
開業年	明治30（1897）年10月1日
キロ程	34.0キロ（難波起点）

【りんくうタウン駅】
所在地	大阪府泉佐野市りんくう往来北
開業年	平成6（1994）年6月15日

【関西空港駅】
所在地	大阪府泉南郡田尻町泉州空港中
開業年	平成6（1994）年6月15日

◀ 泉佐野駅東口（昭和40年代）

かつては田畑が広がっていた東口。駅の改築と合わせてロータリーが整備され、新たな表玄関となった。

▲ 泉佐野駅の出入口（昭和40年代）

地下駅舎時代の東口側の出入口。南海では地下通路を持つ駅すらほとんど例がなかった。

◀ 現在の泉佐野駅

高架駅に改築され、南海でも最も近代的な駅に生まれ変わった。東口のロータリーも美しく整備され、国際空港の玄関駅に相応しい雰囲気。

　泉大津が毛布の町なら、泉佐野はタオルの町。駅西側に残る昔ながらの町並みには、今も小規模なタオル工場が点在し、そこかしこで織機の稼働する物音が聞こえてくる。一方で平成6（1994）年の関西国際空港の開業により、泉佐野駅は空港線との分岐駅となり、駅も街も大きな変貌を遂げた。平成18（2006）年には高架の現駅舎が竣功、本線・空港線間の乗り換えが便利な3面4線の構造となっている。

　泉佐野駅を発車すると、空港線が本線から分岐して西へと向かう。りんくうタウン駅はJR阪和線日根野駅から分岐した空港線との接続駅で、島式2面4線のうち中央の2線をJR、外側の2線を南海が使用している。ホームを共有する構造上、完全な共同使用駅であり、改札口も共通。また駅に直結して、日本で3番目に高い高さ256mの超高層ビル「りんくうゲートタワービル」が建つが、経済状況の悪化により、ツインビルとなる予定が北側しか建設されないまま現在に至っている。

　空港連絡橋を渡り、空港島に上陸すると終点の関西空港駅に到着する。関西国際空港の第1旅客ターミナルおよび複合施設「エアロプラザ」に直結する利便性の良い駅であり、平成24（2012）年に開業した第2ターミナルへは、エアロプラザからのバス連絡となっている。

▲ 空港連絡橋
空港島側から連絡橋を見る。橋は二層構造で上部が道路、下部が鉄道となる。島内に入ってすぐ、タイミングが合えば離着陸する飛行機と至近距離で直角に交わり、なかなかの迫力である。

▶ 空港特急「ラピート」
言わずと知れた南海の看板特急。開港当時は難波駅2階に「なんばCAT」があり、チェックイン済み荷物を預かって運ぶサービスも行なっていた。

▶ りんくうタウン駅
かつて駅南側にあった遊園地「りんくうパパラ」は既に閉園、跡地は「りんくうプレジャータウンSEAKLE」となった。

◀ 関西空港駅改札口
南海とJRが改札口・窓口とも並んでいる。南海の方が第一旅客ターミナルに近い。

▲ りんくうタウンと空港島
空から見る関西国際空港とりんくうタウン。深日港発の淡路航路が廃止となった後、「南海淡路ライン」が連絡橋北側の泉佐野港と津名港を結んでいたが、平成19(2007)年に廃止されている。

古地図探訪

泉佐野・羽倉崎付近

現在の泉佐野市である佐野の町は古くより漁港として、また、廻船が往来する商業都市として繁栄、駅北側の旧市街は商家や蔵が建ち並ぶ古い街並みが広がる。近代以降はこの街並みに溶け込むようにタオル工場が増え、工業都市としても発展することになる。海岸線が埋め立てられて阪神高速4号湾岸線が通り、南海本線も高架化された現在なお、旧市街の中心部は昔ながらの街並みが残されている。一方で駅西側は、沖合に関西国際空港が開港したことで風景は一変した。なお駅南側の「職工学校」とは、大正14(1925)年に開校した府立佐野職工学校(現・府立佐野工科高校)のことで、繊維の町らしく開校時から紡織科(現・テキスタイル系)が設けられている。

Hagurazaki St. / Yoshiminosato St. / Okadaura St. / Tarui St.

羽倉崎、吉見ノ里、岡田浦、樽井

タマネギの出荷で賑わった吉見ノ里
金熊寺への最寄り駅だった樽井

【羽倉崎駅】

所在地	大阪府泉佐野市羽倉崎
ホーム	2面3線
乗降人員	6,070人
開業年	昭和17(1942)年2月1日
キロ程	36.1キロ(難波起点)

【吉見ノ里駅】

所在地	大阪府泉南郡田尻町大字吉見
ホーム	2面2線
乗降人員	3,037人
開業年	大正4(1915)年10月1日
キロ程	37.4キロ(難波起点)

平成3年

△吉見ノ里駅
田尻町の玄関駅であり、昭和40年代後半まで玉ネギ輸送が行なわれていた吉見ノ里駅。かつての貨物駅跡は現在は保線車両の基地として活用されている。

撮影:岩堀春夫

◁羽倉崎駅
元は陸軍の飛行学校を建設するため、資材や人員の輸送用に開設された駅であった。

提供:泉佐野市教育委員会

現在

◁羽倉崎駅
ホームは2面3線構造で、3番線が車庫と結ばれ、当駅始発・終着列車のホームとなっている。

現在

△現在の吉見ノ里駅
駅舎は改装されたが構造自体は以前と変わらず、かつての売店が自動販売機スペースとなっている。

　羽倉崎駅は南海本線の車両基地である住ノ江検車区羽倉崎検車支区が隣接し、空港線の開業前は終日にわたり当駅始発の列車が多数設定されていた。現在も早朝や深夜を中心に始発・終着列車が運行されている。次の吉見ノ里駅は、関西国際空港開港以前は日本一小さい"町"であった田尻町の玄関駅。かつては地元の名産であるタマネギの出荷で賑わい、戦前には1日3本のタマネギ専用貨物列車も運行されていたという。田尻町はまた、大阪合同紡績(現在の東洋紡の前身企業のひとつ)の創業者であり、"綿業王"とも称された谷口房蔵の出身地。谷口は吉見ノ里駅の誘致に尽力し、晩年には阪和電気鉄道(現・阪和線)の開業に精魂を傾けることになるが、町内に残る彼の別邸は現在、大阪府指定有形文化財となり、田尻歴史館として活用されている。

　泉南市に入り、岡田浦駅を過ぎると樽井駅に着く。南海鉄道開業時に開設された歴史の古い駅で、当駅始発・終着列車もわずかながら設定されている。また阪和電気鉄道(現・阪和線)の開業以前、梅の名所として知られていた金熊寺への最寄り駅であった。金熊寺は当時のメジャーな行楽地であり、開業翌年には大阪毎日新聞に籍を置いていた後の首相・原敬も、南海鉄道に乗って樽井駅から金熊寺を訪れている。

【岡田浦駅】

所在地	大阪府泉南市岡田
ホーム	2面2線
乗降人員	2,508人
開業年	大正4(1915)年11月1日
キロ程	38.8キロ(難波起点)

【樽井駅】

所在地	大阪府泉南市樽井
ホーム	2面3線
乗降人員	7,658人
開業年	明治30(1897)年11月9日
キロ程	40.6キロ(難波起点)

▲タオル工場 昭和42年
今では少なくなったが、かつては泉州全域でタオルや毛布の工場が見られた。
所蔵：上野又勇

▲岡田浦駅 現在
ホーム延伸に際して駅舎の一部が切り取られ、左右非対称となった。現在は和歌山寄りにも改札口がある。

▶吉見ノ里駅のホーム
下りホームに入線する、みさき公園駅行き普通。7000系は登場時はすべて非冷房車であったが、昭和50年代以降に装備され、屋根上に冷房装置が並ぶスタイルとなった。

平成3年
撮影：岩堀春夫

現在

◀樽井駅
かつては現在の区間急行の前身である"赤準急"の始発列車もあった樽井駅。

古地図探訪

吉見ノ里・岡田浦・樽井付近

　田尻村(現・田尻町)は"綿の王"と称された谷口房蔵の出身地であり、谷口が地元のために設立した吉見紡績は市街地の北側の海岸沿いにあった(市街西側の「大阪紡績会社」は別会社)。この工場はすでにないが、彼が建てた洋風の別邸が現在も「田尻歴史館」として残っている。
　また、泉州名産の玉ネギ栽培の発祥地でもあり、吉見ノ里駅から海岸方面に少し行った春日神社の境内には「泉州珠葱栽培之祖」の碑が立つ。
　一方、現在は泉南市となった旧・樽井村の中心駅である樽井駅北側の「吉見紡績分工場」は、大正8(1919)年に開設された樽井紡績の工場のこと。現在も東洋紡グループである東洋クロスの工場として操業を続けており、樽井紡績時代以来の赤レンガの工場群が健在である。

昭和9年

Ozaki St. / Tottorinoshō St. / Hakotsukuri St.
尾崎、鳥取ノ荘、箱作

泉南・阪南両市の中心駅・尾崎

【尾崎駅】	
所在地	大阪府阪南市尾崎町
ホーム	2面4線
乗降人員	11,414人
開業年	明治30（1897）年11月9日
キロ程	43.1キロ（難波起点）

【鳥取ノ荘駅】	
所在地	大阪府阪南市鳥取
ホーム	2面2線
乗降人員	3,964人
開業年	大正8（1919）年3月1日
キロ程	44.6キロ（難波起点）

【箱作駅】	
所在地	大阪府阪南市箱作
ホーム	2面2線
乗降人員	5,096人
開業年	明治31（1898）年10月22日
キロ程	46.6キロ（難波起点）

尾崎駅東口
橋上駅となる前の尾崎駅東口。かつての旧尾崎町の市街地の中心は駅西側であったが、昭和30年代以降は東側の住宅開発が進んだ。駅前のバス停の標識に、南海の初代社章である羽車マークが描かれている。

現在の尾崎駅
昭和48（1973）年に橋上駅に改築された。改札口の前には飲食店などが並ぶ。

鳥取ノ荘駅
改札口は上りホーム側にあるが、駐輪場やバス停留所などは反対側にある。

箱作駅
開業当時は淡輪、深日方面への船便の接続駅でもあった箱作駅。地名の由来は諸説あるが、京都の賀茂神社の御霊箱が流れ着いたことから「箱着里」と呼ばれるようになったといわれている。

　尾崎、鳥取ノ荘、箱作の3駅が立地する阪南市は、平成3（1991）年に阪南町から市へと移行した、大阪府内では新しい市。昭和30～40年代には、南海沿線であることや古代の官道である南海道に沿っていることなどから「南海町」を名乗っていたが、昭和47（1972）年に内陸部の東鳥取町と合併して阪南町が成立している。中心駅は尾崎で、南海鉄道開業当時の約1年間は終着駅でもあった。阪南市のみならず、急行停車駅のない泉南市からの利用も多く、平成13（2001）年には特急を含む全列車が停車している。

　次の鳥取ノ荘駅は、阪南市の前身自治体のひとつである西鳥取村の玄関駅として大正8（1919）年に開設された。昭和30年年代後半から住宅開発が進み、昭和39（1964）年には当時の自治体の名称を名乗る「南海団地」の開発も始まった。現在では阪南市の全域で宅地化が進められ、南部の丘陵部では阪南スカイタウンの開発も進んでいる。その阪南スカイタウンへの最寄り駅である箱作駅も、開業当時からの古い駅であり、淡輪駅の開設以前は岬町方面とを連絡線が結んでいた。なお箱作～淡輪間の線路沿いには箱の浦団地が造成され、最寄り駅となる箱の浦駅の開設計画も進められたが、実現することなく現在に至っている。

▲臨時特急「みさき」号 　昭和50年

尾崎駅を通過する臨時特急「みさき」号。みさき公園で人気の催し物が開かれる際、1000系を使用して全車指定席で運行されていた。

撮影:岩堀春夫

▲海岸沿いをゆく急行 　昭和61年

鳥取ノ荘～箱作間を走る晩年の初代・1000系。最晩年は特急の運用から外れ、ラッシュ時のみ急行として運行されていた。

撮影:岩堀春夫

▲旧塗装の特急「サザン」 　昭和61年

1000系に代わり特急の座に就いた10000系「サザン」。デビュー当時は南海らしい緑帯だった。鳥取ノ荘～箱作間。

撮影:岩堀春夫

▲箱作駅構内 　昭和40年代

かつては上下ホームが構内踏切で結ばれ、難波寄りに貨物ホームもあった。大幅に改築された現在も古いホームの跡などが残っている。

提供:阪南市

🚶 古地図探訪

尾崎・鳥取ノ荘・箱作付近

昭和22(1947)年の測量に基づきながら、地名表記などは昭和33(1958)年当時に改められた現・阪南市域の地図。鳥取ノ荘駅の隣に「南海町」とあるが、この町名は昭和31年に旧尾崎町などが合併して誕生した。

鳥取ノ荘～箱作間では路線が海に近づくが、現在では南海本線で唯一の海が間近に見える区間となった。海岸線は箱作に小さな港があるほかは砂浜が続き、現在は「ぴちぴちビーチ」の愛称で親しまれている。また、このあたりでも秋祭りが盛んだが、丘陵地のため4輪のだんじりの曳行が難しく、だんじりによく似たスタイルながら大きな2輪を持った「やぐら」が曳行されてきた。地図右下の波太神社では、宮入時に石段を一気に駆け上がる勇壮な「やぐら」を見ることができる。

昭和22年

淡輪、みさき公園、多奈川線（深日町、深日港、多奈川）

Tannowa St. / Misakikōen St. / Tanagawa Line

南海が開発した海浜リゾート・淡輪
軍事路線として開業した多奈川線

【淡輪駅】
所在地	大阪府泉南郡岬町淡輪
ホーム	2面2線
乗降人員	2,000人
開業年	明治39(1906)年8月15日
キロ程	50.2キロ(難波起点)

【みさき公園駅】
所在地	大阪府泉南郡岬町淡輪
ホーム	2面5線
乗降人員	7,339人
開業年	昭和13(1938)年7月23日
キロ程	51.9キロ(難波起点)

【深日町駅】
所在地	大阪府泉南郡岬町深日
開業年	昭和19(1944)年5月31日

【深日港駅】
所在地	大阪府泉南郡岬町深日
開業年	昭和23(1948)年11月3日

【多奈川駅】
所在地	大阪府泉南郡岬町多奈川
開業年	昭和19(1944)年5月31日

◀淡輪駅 （昭和54年）
明治43(1910)年の常設駅昇格時に立てられた瀟洒な駅舎。若干の改装や塗り直しが行なわれたものの、駅舎は今も健在。
撮影：岩堀春夫

◀淡路連絡急行「なると」号 （昭和32年）
11001系で運行されていた、淡路航路連絡「なると」号。昭和43(1968)年に「淡路」号と改称されている。
撮影：和田康之

▶多奈川線のローカル列車 （昭和52年）
淡路連絡急行以外は線内折り返し列車だった多奈川線。現在は全ての列車が線内折り返しである。
撮影：山田虎雄

　大阪府の西端に位置する岬町は、明治末期に大塚惟明社長の指揮のもと、大浜、浜寺に次ぐリゾート地として開発され、現在は南海の駅が6つもある。路線開業時に開設された深日駅は今はないが、明治39年に仮停車場として開設された淡輪駅がリゾート開発の拠点となる。アイデアマンだった大塚社長により淡輪遊園が開設され、ビヤホールに人工の滝、旧型客車を並べた"汽車ホテル"など、様々な施策で話題を呼ぶ。明治43(1910)年には常設駅に昇格、現在も使われている瀟洒な駅舎が建てられている。

　昭和に入ると開発エリアはさらに広がり、昭和13(19 38)年には南海が中心となった大阪ゴルフ倶楽部が開場する。この最寄り駅として開設されたのが南淡輪駅で、昭和32(1957)年には遊園地「みさき公園」も開場、南淡輪駅もみさき公園駅と改称された。多くの私鉄経営の遊園地が閉園された現在なお、みさき公園は多くの行楽客を集めている。一方で、そのみさき公園駅から分岐する多奈川線は、潜水艦などを建造していた川崎重工業泉州工場への輸送路として戦時中に開業した路線。戦後は深日港駅で四国、淡路方面への航路が連絡、難波から直通列車も運行されていたが、深日航路はすでになく、現在はローカル列車のみ運行されている。

昭和36年

◀ 深日港駅
淡路連絡華やかなりし頃の深日港駅。航路からの乗り継ぎ客が大挙して「なると」号に乗り込む様子が分かる。
撮影：荻原二郎

現在

◀ 多奈川駅ホーム
1521系の引退後、支線区に投入された2200系。もとは高野線で活躍したズームカー22000系である。

昭和39年

◀ 急行「なると」号
深日港駅に停車中の淡路連絡急行「なると」号。昭和43（1968）年に「淡路」号と改称され、平成5（1993）年まで運行されていた。
撮影：荻原二郎

昭和52年

▲ 多奈川駅
6両編成対応の長いホームを持っていた多奈川駅。かつて2面2線構造だったホームは現在1線のみとなり、それも駅舎側の一部分だけが使われている。
撮影：山田虎雄

平成3年

▶ 1521系
昭和34（1959）年に登場した1521系。吊り掛け駆動ながら昇圧後も長らく走り続け、本線より支線での活躍が目立った車両だった。
撮影：岩堀春夫

🚶 古地図探訪
淡輪・みさき公園・深日町・深日港・多奈川付近

　淡輪駅北側に「愛宕遊園」とあるが、これが南海が明治末期から開発を続けてきた淡輪遊園のこと。愛宕山一帯を遊園地として開発、現在でもツツジの名所として知られる。また南淡輪駅は後のみさき公園駅であり、大阪ゴルフクラブの最寄り駅として開設されたが、駅西側の丘陵地に作られていたゴルフ場はこの当時は閉鎖中であり、再開は昭和26（1951）年のことであった。そして昭和31（1956）年にはゴルフ場の東側に遊園地「みさき公園」が建設され、風景は一変することになる。多奈川線では終点・多奈川駅の北側にあった川崎重工業多奈川工場が2年後の昭和24（1959）年に閉鎖される一方、新たに深日港が昭和23（1948）年に整備され、深日港駅も開業している。

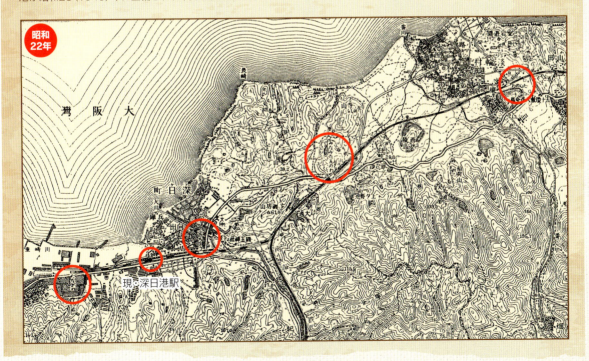

昭和22年

Kyōshi St. / Wakayamadaigakumae St. / Kinokawa St.
孝子、和歌山大学前、紀ノ川

戦前は松茸狩りの名所だった孝子
利用者急増で成長著しい和歌山大学

【孝子駅】
所在地	大阪府泉南郡岬町孝子
ホーム	2面2線
乗降人員	122人
開業年	大正4(1915)年4月11日
キロ程	56.3キロ(難波起点)

【和歌山大学前駅】
所在地	和歌山県和歌山市中
ホーム	2面2線
乗降人員	2,721人
開業年	平成24(2012)年4月1日
キロ程	58.0キロ(難波起点)

【紀ノ川駅】
所在地	和歌山県和歌山市市小路
ホーム	2面2線
乗降人員	2,471人
開業年	明治36(1903)年3月21日
キロ程	61.6キロ(難波起点)

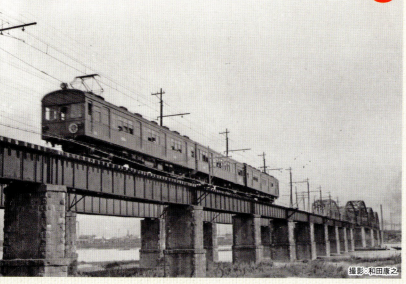

昭和29年
◀紀ノ川橋梁
現在の上り線が明治36(1903)年に、下り線が大正11(1922)年に架けられた紀ノ川橋梁。上下線で異なるトラス構造が用いられている。

撮影：和田康之

昭和33年
撮影：和田康之
▲孝子峠に挑む貨物列車
ED5126・5151の重連で現在の和歌山大学前駅付近をゆく。当時の貨物列車の行先は、主に汐見橋駅か天王寺駅であった。

　みさき公園駅から先、南海本線は和泉山脈の西端部を越えて和歌山県へと向かう。大阪府側の最後の駅である孝子駅は、駅周辺に小さな集落があるだけのローカル駅であり、乗降客は本線では最も少ない。しかし周辺の山々は、かつては京阪神屈指の松茸の産地として知られ、秋になると松茸狩りを楽しむ行楽客で賑わったものだった。なお、みさき公園～孝子駅の間には、多奈川線が開業する以前に存在した深日駅の石積みの相対式ホーム跡が残されているほか、明治44(1911)年築で赤レンガ造りの美しい外観を保っている深日変電所の建物も残っている。

　県境を越えて最初の駅である和歌山大学前駅は、南海で最も新しい駅。名前の通り和歌山大学栄谷キャンパスへの最寄り駅として平成24(2012)年に開業した。しかし大学のみならず新興住宅街「ふじと台」の玄関駅でもあり、また平成26(2014)年には駅に隣接して「イオンモール和歌山」が開業、乗降客が急増している。そのため開業時は普通のみ停車する駅であったのが、現在では特急も含め全列車が停車するようになった。

　次の紀ノ川駅は加太線との乗換駅。とはいえ駅自体は相対式2面2線のシンプルな構造で、加太線の全列車が和歌山市駅に乗り入れる。また南海鉄道の和歌山市駅延伸以前は、この駅近くに終点の和歌山北口駅があった。

南紀直通列車「きのくに」 昭和34年

孝子峠を越える「きのくに」。キハ5501・5551形の導入当初は乗務員の養成が間に合わず、2001形電車に牽引される形で本線上を走行していた。

撮影：和田康之

▲イオンモール和歌山 現在

平成26(2014)年にオープンした、和歌山大学前駅に直結する「イオンモール和歌山」。大型ショッピングモールの開業で駅は乗降客が急増、開業後数年で特急停車駅へと昇格している。

▲キハ5501・5551形 昭和34年

国鉄のキハ55形に準じて昭和34(1959)年に製造された、南紀直通用のキハ5501・5551形。登場時は快適な車内が人気だったが、最後まで非冷房のままで晩年は古さが目立ち、昭和60(1985)年の引退となった。

撮影：和田康之

旧色時代の「サザン」 平成3年

県境付近の山間部をゆく。当時の「サザン」は2両編成で中間車がなく、4両の場合も全て先頭車で洗面所は設けられていなかった。

撮影：岩堀春夫

Wakayamashi St.
和歌山市
(わかやまし)

【和歌山市駅】	
所在地	和歌山県和歌山市東蔵前丁
ホーム	3面5線（うち南海2面4線）
乗降人員	17,569人
開業年	明治36（1903）年3月21日
キロ程	64.2キロ（難波起点）

"市駅"と呼ばれ親しまれる
110年の歴史を数えるターミナル

平成3年

◎和歌山市駅
昭和47（1972）年築の3代目・和歌山市駅。改札口は2階に設けられているが、新たに建設される4代目駅舎では地上階に移される予定。

現在

▶特急「四国」号
4番線に到着した「四国」号。ここから和歌山港線に乗り入れ、小松島航路に接続していた。

◀和歌山市駅
かつては和歌山軌道線が接続していたが、現在も駅前から各方面へバスが出ている。

昭和52年

◎和歌山市駅ホーム
駅は3面6線構造で、南海本線の列車は主に4・5番ホームを発着する。また、2番ホームはJR紀勢本線専用で、自動改札機も設けられている。

撮影：岩堀春夫

昭和52年

撮影：山田虎雄

　和歌山市民に"市駅"と呼ばれ親しまれる南海本線の終着駅・和歌山市。明治36（1903）年の開業当時、すでに紀和鉄道（現在の和歌山線および紀勢本線の和歌山〜和歌山市間の前身）の和歌山（現・紀和）駅が存在したため、駅名に「市」が付いたが、昭和43（1968）年まで「東和歌山」を名乗っていたJR和歌山駅より歴史は古い。南海本線のみならず和歌山港線、加太線、JR紀勢本線が発着し、かつてはJR和歌山駅とも乗降客数で肩を並べていたが、阪和線が大阪環状線に直通する運行になった1980年代後半以降、次第に差を付けられるようになった。現在ではJR和歌山駅の半数程度にまで乗降客数が落ち込んでいる。

　現在の駅舎は3代目にあたり、昭和47（1973）年の竣功。長年にわたり高島屋和歌山店が入居していたが、平成26（2014）年8月末に閉店、現在はスーパーマーケットなどが入居している。平成27（2015）年には新駅ビルの建設計画が発表され、平成32（2020）年には図書館や商業施設などが入居する新しい駅舎が完成する予定である。だが一方では、和歌山県議会で南海本線のJR和歌山駅への直通や和歌山電鐵貴志川線の和歌山市駅直通などの検討が議論されるなど、駅を取り巻く今後の状況は流動的な部分もある。

昭和41年

▶和歌山市駅の貨物列車

和歌山市駅は南海にとって貨物の一大拠点でもあり、本線の列車はもちろん、加太線や和歌山港線、国鉄への乗り入れなど各方面に運行されていた。本線で貨物列車が廃止された昭和50円代も加太線で運行を続け、全廃されたのは昭和59(1984)年だった。

▼南海の郵便車

南海では貨物だけでなく郵便荷物車も活躍していた。写真は和歌山市駅に停車中のモユニ1041形。

撮影：J.WALLY･HIGGING

昭和32年

撮影：荻原二郎

現在

◀和歌山城

和歌山市駅から徒歩約10分の距離にある紀伊徳川家55万石の居城。天守閣は空襲で焼失、昭和32(1957)年に再建されている。

古地図探訪
和歌山市付近

国鉄東和歌山駅が和歌山駅と改称される前年の地図。当時の和歌山市の中心は、ぶらくり丁の商店街がある本町通り周辺であり、国鉄駅より南海の方が近かった。県庁や市役所、和歌山城へも南海の駅の方が近く、当時は和歌山市駅こそ和歌山の玄関駅であったことが分かる。

また、東和歌山駅が改称されるのに合わせて、地図上部の紀勢本線和歌山駅も紀和駅に改称されている。その旧・和歌山駅と和歌山線は、紀伊中ノ島駅で阪和線の下を通って直接結ばれていたが、この本来の和歌山線である田井ノ瀬駅～和歌山駅間の支線は昭和49(1974)年に廃止された。そして市内を巡っていた和歌山軌道線も昭和46(1971)年に廃止されている。

昭和42年

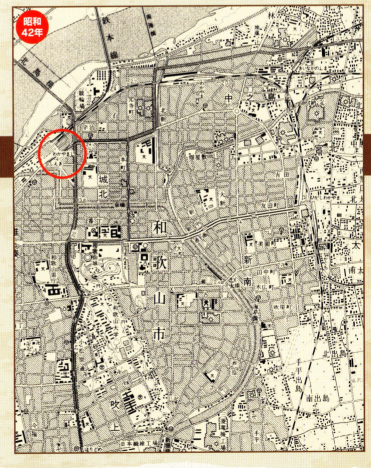

41

Wakayamakō St.
和歌山港
（わかやまこう）

四国連絡路線として
時代を築いた
特急「サザン」も走る支線

【和歌山港駅】	
所在地	和歌山県和歌山市薬種畑
ホーム	1面2線
乗降人員	456人
開業年	昭和46(1971)年3月6日
キロ程	2.8キロ(和歌山市起点)

▶南海フェリー乗り場
和歌山港駅に直結している南海フェリーの乗り場。乗用車の場合、このビルの前に並ぶことになる。

▲旧・和歌山港駅付近をゆく旧型電車
和歌山市駅と後の築港町駅となる和歌山港駅との間を結んでいたローカル列車。南海は、このような前面5枚窓のタマゴ型の旧型車両を数多く保有、運行していた。
撮影：和田康之

▲和歌山港駅ホーム
ホームはシンプルな1面2線で、ホーム上からフェリーがよく見える。現在は無人駅であり、フェリー会社の人が旅客の対応をしている。

▲和歌山港駅
シンプルな駅舎を持つ和歌山港駅。下車客の大半は連絡通路を歩いてフェリーに乗り継ぐので、駅前は閑散としていた。
撮影：山田虎雄

　和歌山市駅は南海本線の終点だが、昭和31(1056)年に和歌山港線が開業し、後の築港町駅(平成17年廃止)となる和歌山港駅まで開通する。同時に難波〜和歌山港間で急行「あわ」号が運行をはじめ、南海四国航路に連絡するようになった。昭和46(1971)年には和歌山港が移転されたことで和歌山港線が水軒駅まで延伸され、現在の和歌山港駅が開設される。難波〜和歌山港間を初代1000系列車で結ぶ一部座席指定の特急「四国」は徳島県の小松島港行き航路に連絡し、小松島では国鉄小松島線の列車にも連絡するなど、宇高連絡線ルートと並ぶ四国へのメインルートへと成長するのである。

　しかし、山陽新幹線の延伸により、宇高連絡ルートに対して所要時間で差を付けられるようになったほか、航空路線も発達して次第に乗客数は減少してゆく。昭和60(1985)年には小松島港駅が廃止されたことで四国側の乗り継ぎ先を失い、さらに平成10(1998)年の明石海峡大橋の開通は致命的なダメージとなった。一方で和歌山港線の沿線の利用も増えず、平成14(2002)年に末端の和歌山港〜水軒間が廃止され、翌年には和歌山港以外の途中駅も廃止された。現在は四国連絡に特化した路線として、特急「サザン」などわずかな本数の列車が、航路に接続するダイヤで運行されている。

▶和歌山港線をゆく1521系

築港町～和歌山港駅間を走る単行の1521系。ローカルムード満点だが、実は開通間もない路線である。

昭和48年
撮影:和田康之

現在

⬢和歌山港

出発を待つ小松島港行きフェリー。全盛期にはフェリーに加え高速船も運航され、難波～徳島港間を最短2時間15分程度で結んでいた。

昭和52年
撮影:山田虎雄

◀水軒駅

1日2往復しか電車が来ない駅として有名だった水軒駅。1521系が常にガラガラでのんびりと往復していた。

▶水軒駅駅名標

もともと材木を扱う貨物駅として開業したため、旅客輸送はさほど考慮されておらず、ホームは簡素で上屋もなかった。

平成3年
撮影:岩堀春夫

古地図探訪
和歌山市・和歌山港付近

和歌山市駅から西へと延びる和歌山港線。当時はまだ現在の和歌山港駅は開業しておらず、後の築港町駅が和歌山港駅を名乗り、「貨物駅」と記されているように貨物の専用線も敷かれていた。昭和46(1971)年に西へと延伸され、外海に面した新港に連絡する新・和歌山港駅が設けられた。線路はさらに延び、南下して水軒駅まで達していたが、本来の目的であった材木輸送列車が走ることはなく、平成14(2002)年に和歌山港～水軒間は廃止され、その3年後には中間駅の久保町、築地橋、築港町が廃止された。なお和歌山市駅のすぐ西に架かる河西橋は、かつて加太線が走っていた鉄道橋だったが、ジェーン台風で被災して加太線が紀ノ川駅経由となって以降、歩行者・自転車専用橋として転用したもの。老朽化が進み、現在は架け替え工事が進んでいる。

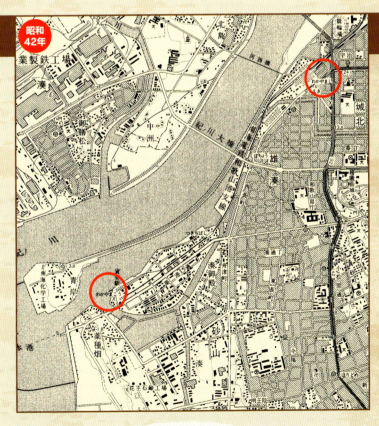
昭和42年

Kada Line
加太線（東松江、中松江、八幡前、西ノ庄、二里ヶ浜、磯ノ浦、加太）

【東松江駅】
所在地	和歌山県和歌山市松江東
開業年	昭和5（1930）年12月1日

【中松江駅】
所在地	和歌山県和歌山市松江中
開業年	明治45（1912）年6月16日

【八幡前駅】
所在地	和歌山県和歌山市古屋
開業年	明治45（1912）年6月16日

【西ノ庄駅】
所在地	和歌山県和歌山市西庄
開業年	昭和5（1930）年12月1日

【二里ヶ浜駅】
所在地	和歌山県和歌山市西庄
開業年	明治45（1912）年6月16日

【磯ノ浦駅】
所在地	和歌山県和歌山市磯の浦
開業年	明治45（1912）年6月16日

【加太駅】
所在地	和歌山県和歌山市加太
開業年	明治45（1912）年6月16日

紀淡海峡をのぞむ加太へと向かう軽便鉄道出身のローカル線

▶加太線をゆく7100系
7100系はワンマン改造車が現在も走る。観光地ゆえに過去には臨時列車も走り、平成25（2013）年には10000系「サザン」も乗り入れている。

▼晩年の貨物列車
加太線は南海で最後まで貨物列車が走った路線であり、晩年は東松江駅から通じる専用線を走り、和歌山製鉄所と和歌山市駅を結んでいた。

平成3年　撮影：岩堀春夫

昭和57年　撮影：岩堀春夫

昭和33年　撮影：和田康之

▶加太駅
加太駅のホームは頭端式の2面2線構造だが、朝夕をのぞき駅舎に直結した1番ホームを発着する。

▶木造旧型電車
昭和30年代まで、加太線では軽便鉄道時代を彷彿とさせるタマゴ型の木造旧型車両が走っていた。

現在

　近年、「加太さかな線」の愛称でピーアールされ、ローカル線から行楽路線へと変貌しつつある加太線。もともとは「加太軽便鉄道」という和歌山および地元資本により開業したローカル私鉄であり、明治末年に紀ノ川右岸（北岸）の北島〜加太間で開業している。大正3（1914）年に和歌山市駅に隣接する和歌山口駅（後に和歌山市駅と統合）に乗り入れ、大正5（1916）年に「加太電気鉄道」と改称されている。南海と合併したのは戦時中の昭和17（1942）年のことだが、それ以前から南海では加太や磯ノ浦での釣りや海水浴を宣伝し、連絡切符も発売するなど、自社の沿線に準じた扱いであった。

　また現在では紀ノ川駅で分岐している加太線だが、かつては和歌山市駅からまっすぐ北上し、紀の川を南海本線とは別の橋梁で渡っていた（北島支線）。その橋が昭和25（1950）年に来襲したジェーン台風によって損害を受けた後、戦時中に開通していた貨物線が加太線に組み込まれ、現在の形となったのである。

　現在では行楽目的および地域のローカル輸送に徹しているが、かつては住友金属工業和歌山製鉄所（現・新日鐵住金和歌山製鐵所）の貨物輸送も行なっていた。また要塞として砲台が築かれていた友ヶ島への軍需物資輸送も行なっていたが、その友ヶ島の要塞の遺構が近年、人気観光スポットとして脚光を浴びている。

昭和32年

平成3年

◁加太駅舎
レトロな駅舎が残る加太駅。港町・加太は淡島神社や友ヶ島などの観光地が多く、魚料理自慢の旅館も多い。
撮影：岩堀春夫

△北島駅に停車する751号
北島支線はかつての加太線で、ジェーン台風の被害により東松江〜北島間だけが支線として乗り残されていた。北島支線は昭和41（1966）年に廃止された。

昭和60年

昭和47年

◁磯ノ浦駅
夏の加太線は行楽客で賑わう。磯ノ浦はサーフィンのメッカであり、サーフボードを持った人もいる。
撮影：和田康之

△磯ノ浦駅付近をゆく
1201形ほか3連が築堤上の線路を走る。線路に沿って続く家並みの向こう、住友金属和歌山製鉄所も遠望できる。
撮影：和田康之

🚶 古地図探訪　　　　西ノ庄、二里ヶ浜、磯ノ浦、加太付近

　かつての加太線は、八幡前駅あたりから海岸線に比較的近い位置を走るようになる。海岸線は紀の川の河口から約8キロにわたり砂浜が続くことから「二里ヶ浜」と呼ばれていた。和歌山市域では手近な海水浴場として知られ、加太線が加太電気鉄道だった時代から南海の沿線案内図にも記されている。しかし戦時中より海岸が埋め立てられ、次第に砂浜は縮小してゆく。この地図では二里ヶ浜駅前の海岸はまだ健在だが、現在は二里ヶ浜駅のさらに西側まで工場群が連なるようになった。現在では磯ノ浦駅近くの海岸だけが砂浜で残り、夏期には海水浴客の利用も見られる。また加太線の最末端区間では紀泉山系を越えて加太の集落へと達していた。駅は集落からやや離れて設けられている。

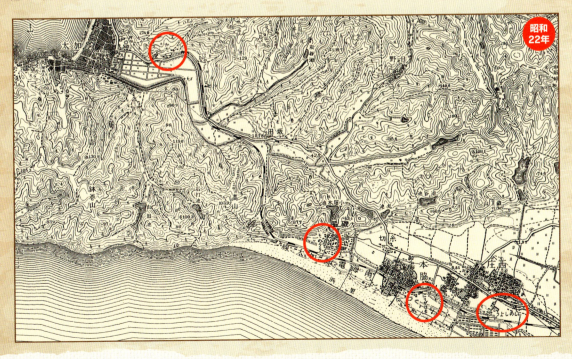

昭和22年

和歌山電鐵貴志川線、和歌山軌道線（旧・南海貴志川線）

今や人気観光路線となった貴志川線
軌道線は和歌山市内中心部を運行

▲珍車・クハ802（昭和34年）
ガソリンカーを改造、両端に荷台を設けたクハ802。昭和40年代まで貴志川線で走っていた。
撮影：荻原二郎

昭和33年
撮影：J.WALLY HIGGING

▲和歌山電気軌道時代の貴志川線
山東付近を走る、和歌山電気軌道の社章が入ったクハ804。南海の傘下となったあとは南海カラーの緑に改められている。

▶貴志駅の1201形
南海時代は1201形が余生を送った路線でもある。ラッシュ時の増結用に、湘南スタイルのクハ21201が走っていたこともあった。

▲伊太祈曽駅（昭和41年）
貴志川線の車両基地があり、現在は和歌山電鐵の本社が置かれる。南海時代は「伊太祁曽」だった。
撮影：荻原二郎

（昭和52年）
撮影：山田虎雄

　平成27（2015）年に亡くなったネコの「たま駅長」のブームにより、今や全国的な知名度を持つ観光路線となった和歌山電鐵貴志川線。南海電鉄の貴志川線だった平成15（2003）年に一度は廃止が表明されるも、地元の存続に向けた熱い取り組みが実り、一転して存続することとなった。平成18（2006）年4月、岡山電気軌道が100％出資する和歌山電鐵が事業を引き継ぎ、新会社としての貴志川線がスタートした。以後、水戸岡鋭治氏がデザインをつとめる観光列車が投入され、平成22（2010）年には終点の貴志駅が新駅舎「たまステーション貴志駅」に改築されるなど、南海時代には想像もできなかった人気観光路線へと変貌を遂げている。

　この貴志川線、もとは和歌山で"西国三社参り"という風習として根付いている日前宮、竈山神社、伊太祁曽神社への参詣路線として、山東軽便鉄道によって大正5（1916）年に開業した路線であった。その後は紆余曲折を経て、昭和32（1957）年に和歌山電気軌道と合併、同36（1961）年に南海の傘下となった。また和歌山市内で路面電車を運行していた和歌山軌道線も、明治42（1909）年の県庁前～和歌浦口間の開業以来、幾度も経営母体が変遷した。そして南海の傘下となって10年後の昭和46（1971）年に、全線が廃止されている。

和歌山電鐵「いちご電車」 平成22年

和歌山電鐵の観光列車第1号となった「いちご」電車。2270系をリニューアルしたもので、水戸岡鋭治氏がデザインを手がけている。

2270系と「おもちゃ電車」 平成23年

第2弾となった「おもちゃ電車」(右)。そして第3弾が有名なネコの「たま駅長」をあしらった「たま電車」である。

和歌山市電と和歌山市駅 昭和31年

先代の和歌山市駅の前をゆく和歌山軌道線。本線は市駅から市街中心部を通り、海南駅前まで13kmあまりを走っていた。

撮影：J.WALLY HIGGING

和歌山城の前をゆく 昭和33年

和歌山市駅からも国鉄の東和歌山駅からも、和歌山城へは軌道線が便利で、公園口や市役所前などが最寄りの電停であった。

撮影：J.WALLY HIGGING

近鉄百貨店の前を走る 昭和41年

かつて友田町に建っていた和歌山近鉄百貨店の前を走る1000形。近鉄百貨店は昭和62(1987)年に現在のJR和歌山駅前に移転、旧店舗は近鉄会館として使われてきたが、平成23(2011)年に閉館・解体されている。

撮影：J.WALLY HIGGING

昭和後期〜平成生まれの主な車両

保有車両数は700両と大手私鉄としては少なめだが、車種の多さが南海の特徴。特急車両あり、山岳区間向け"ズームカー"ありと、多彩さでは群を抜いている。ここでは昭和後期以降に登場した現役車両を紹介したい。

7100系　昭和44（1969）年登場。

6100系　昭和45（1970）年登場。

6200系　昭和49（1974）年登場。

8200系　昭和57（1982）年登場。

30000系　昭和58（1983）年登場。

9000系　昭和60（1985）年登場。

10000系　昭和60（1985）年登場。

2000系　平成2（1990）年登場。

1000系　平成4（1992）年登場。

11000系　平成4（1992）年登場。

2200系　平成5（1993）年登場。

50000系　平成6（1994）年登場。

6300系　平成8（1996）年登場。

31000系　平成11（1999）年登場。

2300系　平成17（2005）年登場。

8000系　平成20（2008）年登場。

12000系　平成23（2011）年登場。

8300系　平成27（2015）年登場。

第2部
高野線・泉北高速鉄道線

真言密教の霊場・高野山へのアクセス路線である南海高野線。高野鉄道として開業、幾多の苦難を乗り越えつつ昭和初期に全通を果たした、日本有数の山岳鉄道である。同時に橋本以北では通勤路線として発展、今や南海本線を上回る乗客数を誇っている。泉北ニュータウンへのアクセス路線として開業、高野線と一帯となって運行されてきた泉北高速鉄道とともに、沿線の歩みを振り返りたい。

昭和58年
撮影:野口昭雄

高野線の華、30000系特急「こうや」。高野山の伽藍を思わせる赤いカラーリングで、新塗装が採用された後も同じデザインで継続された。平成27(2015)年には、高野山開創1200年を記念し、11000系を含む全3編成が期間限定で特別仕様バージョンに変身している。

Shiomibashi St. / Ashiharachō St. / Kizugawa St. / Tsumori St.

汐見橋、芦原町、木津川、西天下茶屋

時代の変化から取り残された都会のローカル線"汐見橋線"

【汐見橋駅】
所在地	大阪府大阪市浪速区桜川
ホーム	1面2線
乗降人員	514人
開業年	明治33(1900)年9月3日
キロ程	0.0キロ(汐見橋起点)

【芦原町駅】
所在地	大阪府大阪市浪速区芦原
ホーム	2面2線
乗降人員	163人
開業年	大正元(1912)年11月15日
キロ程	0.9キロ(汐見橋起点)

【木津川駅】
所在地	大阪府大阪市西成区北津守
ホーム	1面2線
乗降人員	89人
開業年	明治33(1900)年9月3日
キロ程	1.6キロ(汐見橋起点)

【津守駅】
所在地	大阪府大阪市西成区津守
ホーム	2面2線
乗降人員	572人
開業年	大正2(1913)年2月21日
キロ程	2.6キロ(汐見橋起点)

【西天下茶屋駅】
所在地	大阪府大阪市西成区橘
ホーム	2面2線
乗降人員	297人
開業年	大正4(1915)年9月18日
キロ程	3.6キロ(汐見橋起点)

昭和21年
撮影:西尾克三郎

▲C10001形蒸気機関車
空襲の被害の大きかった終戦直後に導入、高野線の急行列車を牽引したC10001形。昭和24(1949)年まで活躍している。汐見橋駅。

現在

▶汐見橋駅ホーム
かつての広大な貨物ヤードはすでになく、1面2線のホームだけが残る。一日を通して人影は少ない。

　高野鉄道という私鉄を前身とする高野線は、現在では橋本以南の山岳区間をのぞき、大半が難波駅を発着している。けれども高野鉄道が最初に構えた大阪市内のターミナルは汐見橋駅(開業当時の駅名は「道頓堀」)であり、かつては河内長野・橋本方面に直通する列車が数多く運転されていた。現在のような運行形態となったのは、岸ノ里駅で南海本線と高野線を結ぶ短絡線が完成した大正15(1926)年以降のことで、昭和4(1929)年には高野線の全列車が難波駅発着となり、汐見橋駅発は住吉東行きの区間列車のみとなった。その区間列車も昭和45(1970)年には汐見橋〜岸ノ里(岸里玉出)間に短縮され、現在に至っている。

　今では"汐見橋線"とも呼ばれ、30分おきに区間列車が運行されるだけのローカル線となった汐見橋〜岸里玉出間だが、長距離旅客列車が走らなくなって以降も、汐見橋駅や木津川駅は貨物駅として機能し、沿線各地から農産物や材木、砂利などが運ばれていた。そのほか津守駅では大日本紡績(現・ユニチカ)津守工場の従業員が数多く利用するなど、今では想像できないほど活気にあふれていたのである。そして現在、新大阪方面に直通する計画線「なにわ筋線」への接続が検討されており、今後ふたたび幹線へと返り咲く可能性も秘めている。

津守 / Nishi-tengashaya St.

昭和39年

▶ **汐見橋線**
もとは高野線の本線であり、当然ながら全区間が複線。将来は「なにわ筋線」への接続構想もあり、現在も複線が維持されている。
撮影：J.WALLY HIGGING

平成3年
撮影：岩堀春夫

◀ **1521系**
高野線と線路が分断されて以降は、住ノ江検車区の1521系が走っていた時期もあった。

現在

▶ **津守駅**
大阪の中心部の、それも大手私鉄の駅とは思えない簡素な駅舎。汐見橋線の現状を物語っている。

昭和37年
撮影：荻原二郎

▶ **汐見橋駅**
高野鉄道のターミナル駅として誕生したが、当時は貨物駅としての役割の方が大きかった。駅舎は現存する。

古地図探訪
汐見橋・芦原町付近

　高野線の起点である汐見橋付近。開業当時、汐見橋駅は「道頓堀」を名乗っており、確かに道頓堀川には近かったものの繁華街としての「道頓堀」からは離れていた。芦原町駅の北で交差する臨港貨物線は、後の大阪環状線。また芦原町駅の西側の大日本紡績工場とは、もと摂津紡績の工場であり、地図にはないが津守駅西側にも尼崎紡績を前身とする大日本紡績の工場があった。
　一方で木津川の対岸の三軒屋にも東洋紡績の工場が建つが、この工場こそ明治15（1882）年に日本初の近代的紡績工場として操業を開始した大阪紡績であった。なお大阪紡績の初代社長・藤田伝三郎は、南海の前身・阪堺鉄道の創業者でもあり、2代目社長の松本重太郎も阪堺の創業者に名を連ねている。

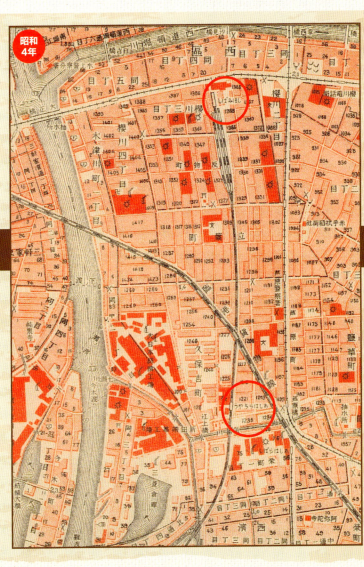

昭和4年

帝塚山、住吉東、沢ノ町、我孫子前

Tezukayama St. / Sumiyoshihigashi St. / Sawanochō St. / Abikomae St.

京阪神屈指の高級住宅街・帝塚山
住吉大社へ徒歩数分の住吉東

【帝塚山駅】
所在地	大阪府大阪市住吉区帝塚山西
ホーム	2面2線
乗降人員	7,596人
開業年	昭和9(1934)年12月26日
キロ程	5.7キロ(汐見橋起点)

【住吉東駅】
所在地	大阪府大阪市住吉区住吉
ホーム	2面4線(通過線2本含む)
乗降人員	6,584人
開業年	明治33(1900)年9月3日
キロ程	6.6キロ(汐見橋起点)

【沢ノ町駅】
所在地	大阪府大阪市住吉区殿辻
ホーム	2面2線
乗降人員	8,319人
開業年	昭和17(1942)年2月15日
キロ程	7.5キロ(汐見橋起点)

【我孫子前駅】
所在地	大阪府大阪市住吉区遠里小野
ホーム	2面2線
乗降人員	8,284人
開業年	明治40(1907)年1月6日
キロ程	8.1キロ(汐見橋起点)

◀ 我孫子前駅
いかにも私鉄駅らしい下りホーム側の小ぶりの駅舎。改札口は上下ホームそれぞれに設けられ、ホーム間の移動はできない。

▲ 沢ノ町駅
堺東方面行き下りホームの改札口。瓦屋根を持ち「ショップ南海」との一体型駅舎。

◀ 帝塚山駅
堺東方面行き下りホームの改札口は、ホーム先端の狭いスペースに無理矢理作られている。

　岸里玉出で南海本線と分かれた高野線は、本線とJR阪和線のほぼ中間を南下する。住吉区内に高野線の駅は4駅あるが、帝塚山駅周辺は京阪神屈指の高級住宅街として知られる。明治末年に地元の地主たちによって設立された東成土地建物株式会社が耕地整理を行ない、大阪市街の中心部から移転してきた企業家たちによって帝塚山学院が設立されるなど、京阪神屈指の高級住宅街として発展するのである。現在も独特の雰囲気を持ち、カフェやブティックなども点在する。

　次の住吉東駅は住吉大社の東側に位置することから、「住吉」の駅名で開業したものの、高野鉄道の時代に南海鉄道からのクレームで8日後に現駅名に改称したと

いう逸話を持つ。またかつては貨物の拠点であり、汐見橋駅とを結ぶ区間運転列車が発着する駅でもあった。近年まで貨物ホーム跡や側線などが残っていたが、平成20(2008)年ごろには大半が撤去されている。次の沢ノ町駅は地元の地名「沢之町」に由来する住吉区役所への最寄駅。

　そして我孫子前駅は"我孫子観音"の名前で親しまれる大聖観音寺(吾彦観音寺)への最寄り駅として開設された。しかし大聖観音寺までは1km以上も離れており、徒歩で20分ほどかかる。今では地下鉄御堂筋線のあびこ駅やJR阪和線の我孫子町駅の方が寺へは近く、参拝者の利用はほとんど見られなくなった。

古地図探訪

帝塚山・住吉東・沢ノ町・我孫子前付近

　帝塚山とは5世紀初頭に築造された前方後円墳であり、標高20mのれっきとした"山"でもある。その帝塚山の東側の学校が大正6(1917)年創設の帝塚山学院であり、関西では屈指の名門校として知られる。帝塚山界隈では、明治末期にすでに東西約1キロの幅に4本の私鉄が開通していた。そのうち上町線が住吉で終点を迎えたあとも、残りの3本は堺までほぼ併走する。後に沢ノ町駅が開業する付近には大阪帆布会社の工場が建つが、この会社は大正7(1918)年に島根県出身の事業家・宍道政一郎によって創業された。昭和4年当時は、宍道が地元に創業した出雲製織の傘下となっていて、後の大和紡績(現・ダイワボウホールディングス)の前身企業のひとつ。工場跡地には現在、市立墨江丘中学校が建っている。

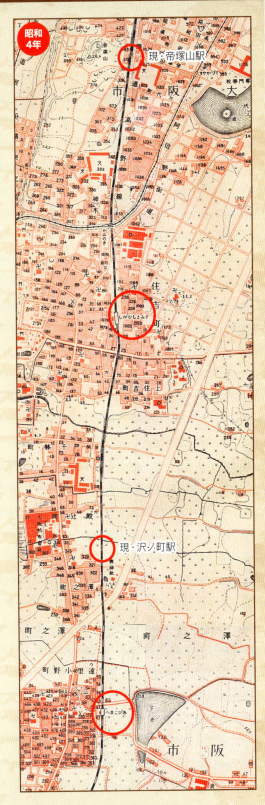
昭和4年

昭和43年

▶住吉東駅ホーム
この当時、汐見橋へは住吉東との区間列車が運行されていた。その後、昭和45(1970)年以降は岸ノ里までに短縮されている。

撮影：高井薫平

昭和36年

◀神ノ木付近の高野線
上町線と高野線が交差する地点の昔の風景だが、構造的にはあまり変化していない。写真奥が住吉東駅。

撮影：園田正雄

昭和34年

▶万代池
帝塚山駅からほど近い万代池。桜の名所として知られ、戦前には「共楽園」という遊園地も併設される行楽地だった。

所蔵：上野又勇

現在

◀大和川橋梁
上部構造がないプレートガーター橋で、人気撮影地として知られる大和川橋梁。開業時の橋が今も使われている。

53

Asakayama St. / Sakaihigashi St.
浅香山、堺東

ツツジの名所として知られる浅香山
政令指定都市・堺の中心駅・堺東

【浅香山駅】
所在地	大阪府堺市堺区高須町
ホーム	2面2線
乗降人員	8,695人
開業年	大正4(1915)年6月22日
キロ程	9.4キロ(汐見橋起点)

【堺東駅】
所在地	大阪府堺市堺区三国ヶ丘御幸通
ホーム	2面4線
乗降人員	60,461人
開業年	明治31(1898)年1月30日
キロ程	11.0キロ(汐見橋起点)

◀南海堺東ビル 昭和40年
府道越しに南海堺東ビルを見る。昭和39(1964)年竣功の駅ビルで高島屋が入居。現在もほとんど変わらず80万都市・堺の中心地である。
所蔵:上野又勇

◀堺東駅前商店街 昭和46年
戦後の焼け野原から駅とともに復興を果たした堺東の繁華街。駅西側にはアーケード街が縦横に広がり、今も昔も活気に満ちている。
所蔵:上野又勇

◀浅香山駅 現在
静かな佇まいの浅香山駅。浅香山公園へは徒歩圏内だが、阪和線浅香駅の方が近い。

　大和川を渡り、堺市に入って最初の駅が浅香山駅。"つつじの通り抜け"で有名な浅香山浄水場が近く、ゴールデンウィークの時期に開催される「浅香山つつじまつり」の時期には行楽客で賑わう。そして堺東駅は、人口80万を誇る政令指定都市・堺の玄関駅。繁華街の中心に位置し、堺市役所にも近いことから、乗降客数は難波、新今宮、天下茶屋に次いで多い。当然ながら特急を含む全列車が停車していたが、平成27(2015)年12月のダイヤ改正で登場した特急「泉北ライナー」が通過することになり、全列車の停車駅ではなくなった。
　堺東駅が南海本線の堺駅と異なるのは、堺駅が阪堺鉄道時代の終点であったのに対し、堺東駅(開業当時の駅名は「大小路」)が開業時の起点であったことである。その後は堺駅に接続する予定であり、もし計画通りに敷設されていたら、南海鉄道と高野鉄道が接続する堺駅の方こそ堺の中心駅となっていたかもしれない。しかし高野鉄道の経営状況が芳しくなく、結果的に自前で大阪市内まで結ぶ方針へと転換する。さらに時代が下って阪和電気鉄道(後の阪和線)が堺市駅を開設したことで、堺市は東西に並ぶ3つの主要駅を持つことになった。そして、3つの主要駅を直接結ぶ鉄道がないという都市交通上の弱点は、現在も解消されないままとなっている。

◁空から見る堺東駅

駅西側の発展ぶりに比べ、東側には今も静かな住宅街が広がる。駅ビル東側のマンションは、堺東検車区の跡地に建てられている。

◎浅香山を通過する貨物列車

昭和30年代はまだ、紀の川の砂利の輸送なども行なわれ、貨物の需要は旺盛であった。

◎堺東駅

開業時の初代が空襲で焼失、戦後に建てられた2代目を経て、現在の駅ビルが3代目駅舎。改札口は3階に位置している。

古地図探訪
浅香山・堺東付近

中世の自由都市以来の歴史を誇る堺の市街地が高野線の西側に広がり、そのほぼ中央を阪堺線が縦断している。残念ながら堺の市街地は空襲で大半が灰燼に帰し、堺東駅も全焼した。しかし空襲がきっかけとなり、戦後は堺東駅周辺に官公庁や企業の出先機関が集中、堺・龍神駅と立場が逆転することになる。当時の堺東駅は検車区も併設する、現在以上に規模の大きな駅であったが、西側が繁華街として発展する一方、反正天皇陵のある東側は静かな住宅街が広がり、現在も市街地化はさほど進んでいない。なお天皇陵の南の堺中学校は現在の府立三国ヶ丘高校のことで、府内屈指の進学校として知られる。校内に建つ同窓会館である旧三丘会館（国登録有形文化財）は、同校の一期生であり南海ビルディングを手がけた久野節の設計である。

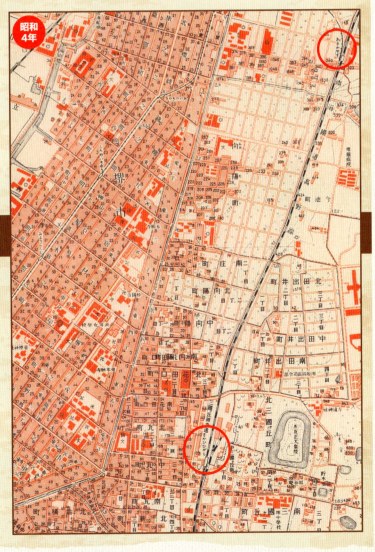

三国ヶ丘、百舌鳥八幡、中百舌鳥

Mikunigaoka St. / Mozuhachiman St. / Nakamozu St.

阪和線と交差する乗換駅・三国ヶ丘
泉北高速線が分岐する中百舌鳥

【三国ヶ丘駅】
所在地	大阪府堺市堺区向陵中町
ホーム	4面4線(うち南海2面2線)
乗降人員	38,716人
開業年	昭和17(1942)年2月15日
キロ程	12.5キロ(汐見橋起点)

【百舌鳥八幡駅】
所在地	大阪府堺市堺区向陵東町
ホーム	2面2線
乗降人員	4,228人
開業年	明治33(1900)年9月7日
キロ程	13.4キロ(汐見橋起点)

【中百舌鳥駅】
所在地	大阪府堺市北区中百舌鳥町
ホーム	2面4線
乗降人員	94,870人(泉北高速鉄道含む)
開業年	大正元(1912)年10月10日
キロ程	14.1キロ(汐見橋起点)

昭和51年

◀三国ヶ丘駅ホーム
下りホームで列車の到着を待つ人々。阪和線からの乗り換え客の多い駅であり、改築前は乗り換え改札口が設けられ、ホームには売店が並んでいた。

撮影：岩堀春夫

▶三国ヶ丘駅
駅施設自体は貧弱だった三国ヶ丘駅だが、平成26(2014)年に商業施設「N.KLASS三国ヶ丘」が誕生、商業地としても発展しつつある。

現在

昭和63年

◀特急「こうや」が快走
三国ヶ丘駅を出ると萩原天神駅までほぼ直線区間となり、停車駅のない区間急行以上の列車は快調に走る。

撮影：野口昭雄

　JR阪和線との接続駅である三国ヶ丘駅は、阪和線がライバルの阪和電気鉄道であった当時には建設されず、南海に合併され南海山手線となって以降に開設されている。乗り換え客を中心に乗降客数は多く、JR側では現在は特急をのぞく全列車が停車するが、南海側では依然として各停・準急しか停車しない。日本最大の古墳である大仙陵古墳(仁徳天皇陵)への最寄り駅でもある。

　秋祭りの勇壮な"ふとん太鼓"で知られる百舌鳥八幡宮への最寄り駅・百舌鳥八幡駅を過ぎると、泉北高速鉄道の分岐する中百舌鳥駅に着く。中百舌鳥駅は大正元(1912)年の開設時は今より少し河内長野寄りにあり、昭和12(1937)年には南海鉄道開通50周年記念事業として、駅南側の社有地に「中モズ総合運動場」が開設されている。その後、泉北ニュータウンの開発に伴い、昭和45(1970)年に現在地に移設され、翌年には泉北高速鉄道が開通、乗り換え駅となっている。

　また昭和62(1987)年には大阪市営地下鉄御堂筋線が延伸され、終日にわたり乗り換え客で賑わう駅となった。なお平成27(2015)年12月5日のダイヤ改正により、それまで平日上りの朝ラッシュ時だけ運転されていた区間急行が大増発されたことで、中百舌鳥駅を通過する列車が大幅に増えている。

▲空から見る百舌鳥古墳群 (昭和43年)

手前右側がいたすけ古墳、左側が御廟山古墳、奥が御陵山古墳。左上に高野線の白鷺駅付近が写っている。

所蔵：上野又勇

▲中百舌鳥駅ホーム (平成3年)

発車を待つ泉北高速鉄道線の列車の横を、区間急行が通過。中百舌鳥駅は乗り換え駅ながら各停と準急しか停車せず、泉北高速線直通の区急が大増発された現在も変わらない。

撮影：岩堀春夫

▲百舌鳥八幡駅 (現在)

以前は跨線橋が設けられていたが、現在は撤去され、両ホームに改札口がある。

▲空から見る大仙公園 (現在)

大仙陵古墳（仁徳天皇陵）の右下に三国ヶ丘駅があり、高野線と阪和線が交差している。

▲中百舌鳥駅 (平成3年)

御堂筋線の入口は駅前広場に面しており、朝夕には乗り換え客の往来で賑わう。祝賀列車に使われた100系はすでに全車が引退した。

撮影：岩堀春夫

古地図探訪

三国ケ丘・百舌鳥八幡・中百舌鳥付近

阪和電気鉄道（現・阪和線）の開業間もない時期であり、仁徳天皇陵（大仙陵古墳）のすぐ東側で高野線と阪和電鉄線が交差している。またその交差部のすぐ南側で西高野街道が阪和電鉄線をまたいでいるが、この道が後に整備され、国道310号線となる。南海と阪和電鉄はライバル関係にあったため、交差部にはなかなか駅は設けられなかったが、両社の合併後の昭和17（1972）年になってようやく三国ヶ丘駅が開設された。また阪和電鉄の仁徳御陵前駅は後に百舌鳥御陵前駅、百舌鳥駅と改称を繰り返している。地図では仁徳陵以外が分かりづらいが、このあたりは百舌鳥古墳群と総称される全国有数の古墳地帯であり、仁徳御陵前駅の南に「御廟山古墳」、その西側には「いたすけ古墳」がある。

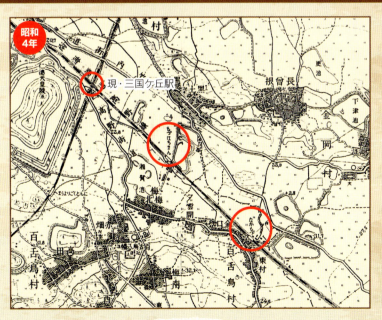

昭和4年

57

Fukai St. / Izumigaoka St.
深井、泉ヶ丘

市街地化が進む中区の中心地・深井
ニュータウンの拠点・泉ヶ丘

【深井駅】
所在地	大阪府堺市中区深井沢町
ホーム	1面2線
乗降人員	24,724人
開業年	昭和46(1971)年4月1日
キロ程	3.7キロ(中百舌鳥起点)

【泉ヶ丘駅】
所在地	大阪府堺市南区竹城台
ホーム	1面2線
乗降人員	42,487人
開業年	昭和46(1971)年4月1日
キロ程	7.8キロ(中百舌鳥起点)

昭和46年

▲泉ヶ丘駅での開通式典

泉北高速鉄道は昭和46(1971)年4月1日、中百舌鳥～泉ヶ丘間で開通した。祝賀列車は開業時の唯一の車種である100系。開業当初は運転業務を南海に委託していた。

提供：泉北高速鉄道

平成3年

▲中百舌鳥駅に停車している泉北高速100系

御堂筋線の中百舌鳥延伸の際、泉北高速鉄道との乗り入れ計画も浮上したが、集電方式、電圧、軌間、車両規格の相違などから見送られた。

撮影：岩堀春夫

平成3年

▲中百舌鳥駅の100系

100系は当時の高野線の主力車種であった6100系に準じて製造されたが、コスト削減のためセミステンレス構造となった点が異なっている。

撮影：岩堀春夫

現在

▲深井駅

開業時に開設された唯一の途中駅。駅周辺は泉北ニュータウンには含まれず、地元で結成された深井土地区画整理組合が中心となって耕地整理が進められた。

　泉北ニュータウンへのアクセス鉄道として建設された泉北高速鉄道は、中百舌鳥駅と和泉中央駅を結ぶ14.3キロの路線である。当初から南海高野線と相互乗り入れを行ない、実質的には高野線の一支線のような運行形態となっている。開業以来、第3セクターの大阪府都市開発が運営を担ってきたが、平成26(2014)年に民営化され、南海のグループ会社となった。その結果、南海～泉北高速間の乗り継ぎ割引が拡大されたほか、平成27(2015)年12月のダイヤ改正では初の有料特急である「泉北ライナー」も登場している。さらに、これまで平日朝ラッシュ時の上りでしか運転されていなかった、中百舌鳥駅を通過する区間急行が終日にわたり運転されるなど、より南海との連携を強化した改正となっている。

　中百舌鳥駅から泉北高速鉄道線に入り、最初の駅が深井。泉北ニュータウン内の駅ではなく、堺市中区役所の最寄り駅である。開業当時はほとんど民家がなかった駅周辺も、開業後に進められた区画整理事業により宅地開発が進み、今では繁華な市街地となっている。また泉ヶ丘駅は昭和46(1971)年に泉北高速鉄道が開業した当時の終着駅であり、駅に直結したショッピングセンター「パンジョ」には高島屋泉北店が入居するなど、現在に至るまでニュータウンの中心地である。

▲現在の深井駅

泉北ニュータウンに劣らぬ発展を遂げた深井駅だが、大阪に近いこともあり「泉北ライナー」の停車駅からは外れた。

▲泉ヶ丘駅と泉北1号線

線路の両側を泉北1号線が沿っており、駅へ入るには跨線橋を歩かなければならない。写真左手に「パンジョ」がある。

▲泉ヶ丘駅付近

ニュータウンは丘陵地に造成されたためアップダウンが激しく、とりわけ道路の方は高低差が大きい。だが道路事情は良く、どの住宅街からも1号線に出やすくなっている。

古地図探訪 中百舌鳥、深井、泉ヶ丘付近

　泉北高速鉄道線は中百舌鳥駅を発車後、しばらくすると中百舌鳥トンネルに入る。トンネルはかつての中百舌鳥運動場の跡地に建設されたが、この当時はすでに運動場跡の大部分が団地に変わり、中百舌鳥球場だけが残っていた。この中百舌鳥球場も平成13（2001）年に閉鎖・解体され、跡地はやはり高層マンションに変わっている。白鷺駅南側で地上に出たあとは高架線となり、深井駅から先は泉北1号線とともに建設された。現在は深井駅の南側で阪和自動車道が交差している。なお深井駅周辺は旧久世村にあたり、秋の祭礼では東八田や楢葉など旧久世村各地区のだんじりが、深井駅北側の野々宮神社に宮入を行なったり、泉北1号線でパレードを行なったりしている。

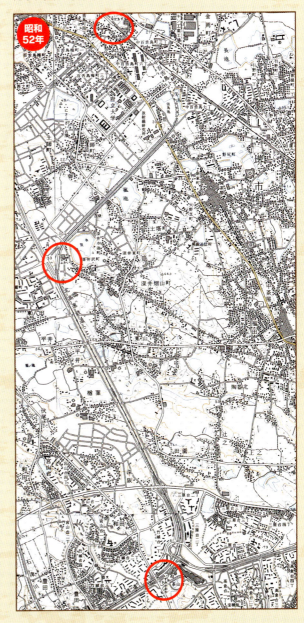

◉深井駅全景

深井駅は当初は開設の予定がなかったが、地元の要望などにより開設が決まり、駅前の整備には堺市が事業を負担した。開業時から現在まで、中区唯一の鉄道駅であり、区役所は駅から近い。

◉泉北高速鉄道に乗り入れる南海車両

開業から約20年間は南海に運行・保守業務を委託していたこともあり、導入車両の性能では共通化が図られ、車両は共通運用に近かった。また逆に泉北高速の車両が中百舌鳥以南の高野線に直通することもあった。

◀開業当時の泉ヶ丘駅全景

昭和40年代後半

北口側から見た開業当時の泉ヶ丘駅。駅施設自体は当時も今もさほど変わらない。背後に見えている建物が泉ヶ丘センタービルで、その向こう側に高島屋泉北店などが入居する「パンジョ」が建つ。

提供:泉北高速鉄道

▶泉ヶ丘駅ホーム

島式1面2線の橋上駅である泉ヶ丘駅。中百舌鳥駅をのぞき、泉北高速鉄道線の駅はどれも1面2線であり、待避設備を持つ駅はない。また5駅中3駅が橋上駅舎であり、見た目にも似通っている。

昭和40年代後半

提供:泉北高速鉄道

平成23年

▲3000系

昭和50(1975)年に登場した、2代目の車両となる3000系。100系同様、コスト削減のためセミステンレス構造となったが、廃車もなく全車現役。一部編成は南海に譲渡され、南海本線で活躍している。

現在

▲7000系

現在の泉北高速鉄道では最も新しい7000系。開業以来、南海の車両に準じたデザインであった車両だが、平成8(1996)年に登場した5000系から、ニュータウンの鉄道らしいオリジナルデザインの車両となった。

Toga-mikita St. / Komyoike St. / Izumi-chuo St.
栂・美木多、光明池、和泉中央

車両基地を併設する光明池
線内唯一の和泉市の駅・和泉中央

【栂・美木多駅】

所 在 地	大阪府堺市南区桃山台
ホーム	1面2線
乗降人員	21,078人
開 業 年	昭和48(1973)年12月7日
キ ロ 程	10.2キロ(中百舌鳥起点)

【光明池駅】

所 在 地	大阪府堺市南区檜尾台
ホーム	1面2線
乗降人員	31,285人
開 業 年	昭和52(1977)年8月20日
キ ロ 程	12.1キロ(中百舌鳥起点)

【和泉中央駅】

所 在 地	大阪府和泉市いぶき野
ホーム	1面2線
乗降人員	31,908人
開 業 年	平成7(1995)年4月1日
キ ロ 程	14.3キロ(中百舌鳥起点)

▲光明池駅の開通式典
昭和52(1977)年8月22日に行なわれた光明池駅での開通式。祝賀列車の正面のプレートに書かれているように、当初の計画線の終着であり、この時点では文字通り"全線開通"であった。

◁光明池駅コンコース
改札口前のコンコース。主な商業施設は東側に集中しているが、運転免許試験場が駅西側にあり、東西ともにヒトの流れは活発である。

◁栂・美木多駅
栂・美木多駅も開業時は終着駅であった。他の駅に比べると商業施設は少なめだが乗降客は少なくない。

◁快走する3000系
かつては10両編成の列車も運行されていたが、平成25(2013)年に10両編成での運転が終了、現在は全て6両または8両編成での運転となっている。

　泉北高速鉄道線は深井駅を過ぎると、線路の両側を片側2車線の府道34号線が併走するようになる。この府道は泉ヶ丘駅から38号線に変わるが、総称して"泉北1号線"と呼ばれている。ちなみに"1号線"、という名前は正式な名称でなく、地元の人々が勝手に呼び始めた通称なのだが、今や行政も追認するほど浸透し、34号、38号などと呼んでも地元ではほとんど通じない。

　栂・美木多駅は2つの地名を「・」でつないだ珍しい駅名。やはり泉北ニュータウンの中心部に位置する駅だが、駅の東側には栂、片蔵など上神谷地区と呼ばれる昔ながらの集落群があり、秋にはだんじり祭りも行なわれている。だんじりが宮入する櫻井神社の拝殿は、堺市で唯一、国宝に指定された建造物である。

　光明池駅は昭和52(1977)年の開業以来、約18年にわたり終点だった駅であり、和泉中央寄りには泉北高速鉄道線で唯一の車両基地が設けられている。駅名となった光明池は大阪有数のため池であり、泉州の水瓶としても知られている。

　光明池を過ぎるとすぐ市の境を越えて和泉市へ。終点の和泉中央駅は、成長著しい新興住宅街「トリヴェール和泉」の玄関駅である。なお和泉中央以南、泉南方面への延伸はしばしば話題になるが、具体的な進展はない。

古地図探訪

栂・美木多、光明池、和泉中央付近

当時の泉北高速鉄道の終点であった光明池駅付近。駅のすぐ南側で堺市と和泉市の境界があり、車両基地は和泉市側に儲けられている。駅北側に広がる信太山の丘陵地は、明治初期より軍の演習地として使用され、明治19（1886）年には当時の世界最大級の要塞砲であり、日露戦争では旅順攻撃にも用いられた28サンチ榴弾砲の試射を行なった場所として知られる。現在も陸上自衛隊第37普通科連隊の駐屯地であり、広大な丘陵地が演習場として使われている。また駅名となった光明池は駅の南側。一方で和泉市域にもすでに婦人子供服団地や緑ヶ丘などの住宅街が形成されつつあるが、平成7（1995）年に和泉中央駅が万町の西寄りに開業、現在では一大ニュータウンが広がっている。

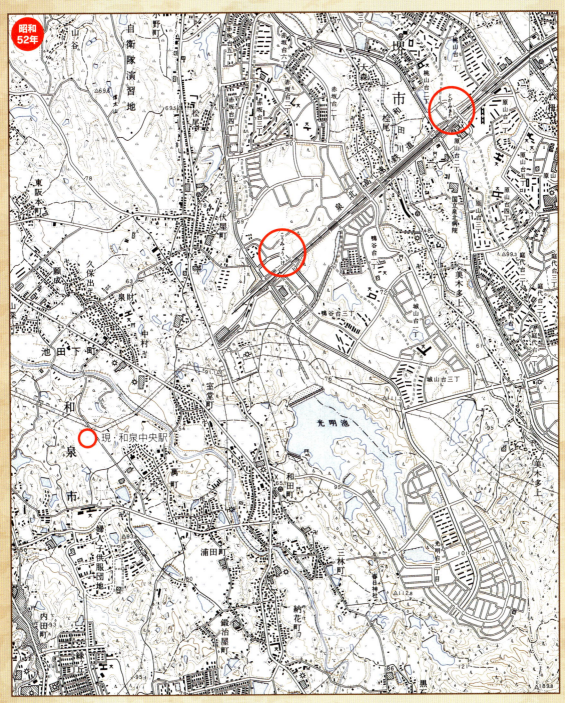

▲栂・美木多駅での開通式

中百舌鳥～泉ヶ丘駅間の開業から2年後の昭和48(1973)年12月7日、栂・美木多駅までの区間が開通、式典が行なわれている。この駅は南区役所の最寄り駅となった。

▲建設工事中の栂・美木多駅

工事たけなわの栂・美木多駅。平行して併走する泉北1号線の道路工事も進められている。なお泉ヶ丘～和泉中央間は、線路、道路ともほぼ直線に伸びており、運転もしやすい。

◀光明池駅全景

高架駅ではあるが丘陵地に作られているため、一部では盛り土上の駅構造がある。ホームの先端から市の境までは100mほどしか離れておらず、併設する車両基地は和和泉市内にある。

▲和泉中央駅での開通式

光明池駅の開業から実に18年後の平成7(1995)年4月1日、初めての和泉市内の駅となる和泉中央駅が開業した。「トリヴェール和泉」の玄関駅として、大阪府下でも最も成長著しい駅である。

▲勾配をのぼる7000系

平成8(1996)年に登場した7000系はVVVFインバータ制御による泉北高速鉄道の高性能車両。平成19(2007)年からはマイナーチェンジ版の7020系が増備されている。

▲「ハッピーベアル」
平成11（1999）年に開館した大阪府立大型児童館「ビッグバン」のイメージキャラクターで、松本零士氏の手がけた「ベアル」と「メロウ」がペイントされた5000系「ハッピーベアル」。当初は期間限定の予定だったが、好評のため現在も運行されている。

◀和泉中央駅付近
手前右側の建物が和泉中央駅で、線路に併走する道路が阪和自動車道。駅開業以来、駅周辺は和泉市の従来の中心地であった阪和線和泉府中駅周辺をしのぐ発展を続けている。

提供：泉北高速鉄道

▲「泉北ライナー」が運行開始
平成27（2015）年12月、泉北高速鉄道線初の有料特急となった「泉北ライナー」がデビュー、11000系で朝夕を中心に運行している。天下茶屋～泉ヶ丘間はノンストップでの運行である。

提供：泉北高速鉄道

▲和泉中央駅
住宅街は広範囲に広がるため、バスも各方面に運行されている。とりわけ和泉府中駅前を経由して泉大津駅まで行くバスは本数も多い。関西空港行きリムジンバスも運行されている。

65

白鷺、初芝、萩原天神
Shirasagi St. / Hatsushiba St. / Hagiharatenjin St.

臨時駅跡地に設けられた白鷺
南海初の直営住宅地となった初芝

【白鷺駅】
所在地	大阪府堺市北区金岡町
ホーム	2面4線
乗降人員	9,866人
開業年	昭和39(1964)年5月25日
キロ程	15.1キロ(汐見橋起点)

【初芝駅】
所在地	大阪府堺市東区日置荘西町
ホーム	2面2線
乗降人員	17,626人
開業年	明治31(1898)年3月29日
キロ程	16.6キロ(汐見橋起点)

【萩原天神駅】
所在地	大阪府堺市東区日置荘原寺町
ホーム	2面2線
乗降人員	7,276人
開業年	大正元(1912)年10月10日
キロ程	17.5キロ(汐見橋起点)

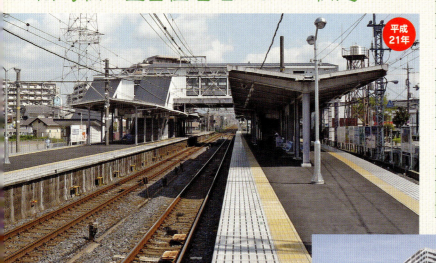

平成21年

▲白鷺駅ホーム
かつての中百舌鳥球場の最寄りの臨時駅跡地に開設された白鷺駅。球場もすでになく、駅西側の跡地は住宅街となっている。

▶白鷺駅
ロータリーがある南口。中百舌鳥運動場跡地に開発された中百舌鳥公園団地や白鷺公園が近い。

現在

◀初芝駅
急行・区間急行の停まらない駅としては乗降客の非常に多い初芝駅。駅前も活気がある。

現在

　白鷺駅は日本住宅公団(現・UR都市機構)白鷺団地への最寄り駅として、昭和39(1964)年に開設された駅。昭和24(1949)年に臨時駅「中百舌鳥運動場前駅」が開設され、ほとんど使われることなく9年後に廃止された跡地に建てられている。なお運動場内に設けられた中モズ球場は、大阪球場開場前の南海ホークス(現・福岡ソフトバンクホークス)の本拠地でもあった。
　高度成長期の住宅団地である白鷺とは対照的に、次の初芝駅は戦前に建設された住宅街の最寄り駅である。南海の住宅地経営の歩みは遅く、初芝住宅地の分譲が始まったのが昭和10(1935)年と、直営の住宅地としては大手私鉄で最後発であった。しかし売り出しにあたりモデルハウスを公開する「住み良い暮らし」展覧会を開催するなどのピーアールにより、売れ行きは好調だったという。なお初芝駅の開業当時の駅名は「西村」であったが、住宅開発にあたり新駅名を募集した結果、貨物車掌のアイデアで「初芝」と改称されている。
　萩原天神駅はその名の通り、駅西側に鎮座する萩原神社への最寄り駅として開設された。萩原神社は乳児の健康を祈願する「泣き相撲」で知られ、かつては多くの参拝者を集めていた。また堺市東区役所への最寄り駅でもあるが、駅周辺は閑静な住宅街が広がっている。

こんなバスも走っていた！ なつかしの南海バス

　南海沿線を隈なく網羅するバス会社が南海バスである。近年は路線の廃止や地元自治体のコミュニティバスへの移管などにより、隈無く網羅、とは言いがたくなっているが、かつては網の目のように路線網が張り巡らされていた。現在も主要駅を中心に路線網が発達している。また南海バスでなくても、徳島バスや熊野交通など、かつての南海の勢力圏で今なお頑張っている、南海グループのバス会社もある。ちなみに和歌山バスは昭和50（1975）年に南海から独立したグループ会社だが、南海時代には様々なカラーリングのバスが走っていた。その一部をここでご紹介しよう。

青い車体に初代・羽車マーク

なつかしの緑の南海バスカラー

現在の和歌山バスに近い、赤い車体

萩原天神駅
小さい駅ながら駅前のスペースは比較的広い。萩原天神へは踏切を渡って100mほど歩いた至近距離にある。

古地図探訪
初芝・萩原天神付近

　住宅地が開発される前の初芝付近。初芝駅はまだ旧駅名の「西村」を名乗っている。南海初の直営住宅地となった初芝住宅地は、この西村集落の東側一帯を区画整理して建設された。駅前からは円形のロータリーを持つ目抜き通りが整備され、昭和12（1937）年には大阪初芝商業学校（現・初芝立命館高校、平成23年に北野田に移転）も開校している。一方、駅前でくの字型に曲がって伸びている道路が富田林街道にあたり、現在も府道35号線として当時の道筋をほぼ踏襲している。また平成3（1991）年には萩原天神駅のすぐ南側で、阪和自動車道が高野線と交差して開通した。高速道路だけでなく高架下を府道も整備されたため、現在では阪和自動車道に沿って市街地化が進んでいる。

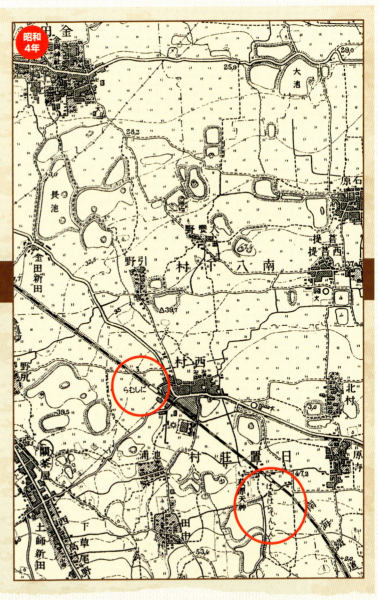

Kitanoda St. / Sayama St. / Ōsakasayamashi St.

北野田、狭山、大阪狭山市

大美野田園都市の最寄り駅・北野田
直営遊園地があった大阪狭山市

【北野田駅】
所 在 地	大阪府堺市東区北野田
ホーム	2面4線
乗降人員	35,489人
開業年	大正3(1914)年8月7日
キロ程	19.3キロ(汐見橋起点)

【狭山駅】
所 在 地	大阪府大阪狭山市池尻中
ホーム	2面2線
乗降人員	5,813人
開業年	明治31(1898)年1月30日
キロ程	20.2キロ(汐見橋起点)

【大阪狭山市駅】
所 在 地	大阪府大阪狭山市狭山
ホーム	2面2線
乗降人員	9,043人
開業年	大正6(1917)年7月5日
キロ程	21.8キロ(汐見橋起点)

平成3年
撮影:岩堀春夫

◯北野田駅ホーム
大美野田園都市の最寄り駅である北野田駅は、昔も今も高野線の主要駅。西口はロータリーが整備され、「アミナス北野田」や「ベルヒル北野田」などの複合施設が建つ。

昭和40年代
提供:大阪狭山市教育委員会

◯狭山遊園前駅
現在の大阪狭山市駅は、昭和25(1950)年に河内半田駅から「狭山遊園前」に改称、閉園後の平成12(2000)年まで名乗っていた。

　乗降客数では金剛駅に匹敵し、高野線の主要駅のひとつに数えられる北野田駅。南北朝時代の楠木氏方の城であった野田城跡に開設され、昭和37(1962)年に堺市と合併した旧・登美丘町の玄関駅であった。戦前には"芋狩"を楽しむ観光農園「北野田園」の最寄り駅として賑わったほか、昭和6(1931)年には放射状の街路を持つ大美野田園都市が分譲を開始するなど、住宅地としても発展しました。大美野田園都市を経営した関西土地株式会社は、南海の主要経営者の一人、寺田甚与茂の女婿であった竹原友三郎が社長をつとめており、事実上の南海グループによる住宅経営であった。

　次の狭山は、高野鉄道として最初に開業した当時の終着駅。高野鉄道の当初の計画では美原町を通る予定が、地元の反対で狭山経由に変更されたことで、鉄道の通過地として発展することになる。もっとも大阪狭山市の玄関駅は金剛駅であり、駅周辺は現在も賑わっているとは言いがたい。そして昭和62(1987)年に誕生した新市名をそのまま名乗る大阪狭山市駅は、かつて南海が経営していた遊園地「さやま遊園」の最寄り駅。駅名も開業時の「河内半田」から「さやま遊園」を経て、閉園後の平成12(2000)年に現駅名となった。遊園地が閉園した現在も、狭山池は憩いの場として親しまれている。

昭和37年

昭和30年代

▲ 狭山駅ホーム

提供：大阪狭山市教育委員会

駅舎と構内踏切で結ばれていた島式ホーム。かつては貨物ホームも設けられていたが、その跡地が現在は保線車両の留置線として使われている。

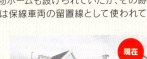

現在

提供：大阪狭山市教育委員会

▲ 狭山駅

高野鉄道の開業時、わずか2ヶ月間であったが終着駅であった狭山駅。長らく小ぶりの木造駅舎が健在だったが、昭和48 (1973) 年に現在の橋上駅となった。

▶ 大阪狭山市駅

「狭山遊園前」時代に改築された駅舎が現在も使われている。

昭和37年

提供：大阪狭山市教育委員会

▲ バスを待つ子供たち

東野バス停でさやま遊園前行きバスを待つ子供たち。南海バスといえば、かつては電車と同じ緑のツートンカラーでおなじみだった。

古地図探訪
北野田・狭山・大阪狭山市付近

　現在では駅西側が表玄関となった北野田駅だが、もともとは東側の野田村からの利用を主目的に開設された駅であった。しかし、昭和6 (1931) 年に西側に大美野田園都市が建設され、次第に西側の方が賑わいを見せるようになる。また当時は大阪狭山市駅はまだ「河内半田」を名乗っていた。狭山は江戸時代には狭山藩の領地であり、かつて関東で覇を唱えた後北条氏の子孫が、わずか1万1千石ながら大名として支配していた。その狭山藩の領内にあった狭山池は日本最古のダムともいわれるため池であり、現在は池の北側に大阪府立狭山池博物館が建つ。過去には南海直営の遊園地が建設されたり、ボートレースが開催された時期もあるなど、昔も今も行楽地として存在感を放っている。

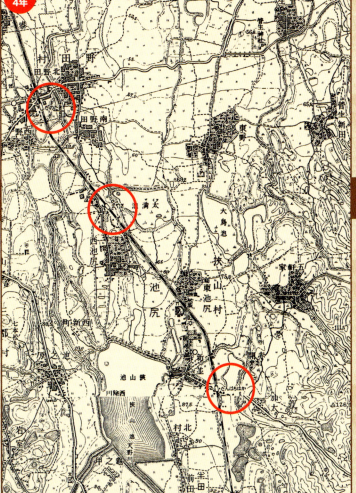

昭和4年

Kongō St. / Takidani St. / Chiyoda St.
金剛、滝谷、千代田

大阪狭山市の実質的な中心駅・金剛
陸軍学校の最寄り駅だった千代田

【金剛駅】
所在地	大阪府大阪狭山市金剛
ホーム	2面4線
乗降人員	35,971人
開業年	昭和12(1937)年4月19日
キロ程	22.9キロ(汐見橋起点)

【滝谷駅】
所在地	大阪府富田林市須賀
ホーム	2面2線
乗降人員	5,549人
開業年	明治31(1898)年3月29日
キロ程	24.6キロ(汐見橋起点)

【千代田駅】
所在地	大阪府河内長野市木戸
ホーム	2面2線
乗降人員	15,495人
開業年	昭和13(1938)年2月11日
キロ程	26.6キロ(汐見橋起点)

▼ズームカー 6連
21000系4両編成に22000系2両編成の計6両編成で走る急行。22000系は全て2両編成だったので、編成の自由度は高かった。

◆千代田検車区
昭和41(1966)年に開設された千代田検車区(現・小原田検車区千代田支区)。主に20m級車両が所属する高野線最大の車両基地であり、高野線を挟んで西側には千代田工場もある。

◀金剛駅
今では想像できないほど簡素な駅だった金剛駅。現在のような橋上駅となったのは昭和44(1969)年である。

　金剛・狭山ニュータウンの最寄り駅として、平成に入り急激に発展した金剛駅。かつては区間急行までしか停車しなかったが、平成4(1992)年に特急「りんかん」の停車駅となり、現在では全列車が停車する。駅は南海鉄道開業50周年を記念して開催された「四国八十八ヶ所出開帳」というイベントの、会場への最寄り駅として開設されたものである。

　滝谷駅は瀧谷不動明王寺への最寄り駅として高野鉄道開業時に開設された。明王寺は草創期の高野鉄道にとって重要な行楽スポットであり、明王時も開業に際して秘仏の特別開帳を実施している。しかし4年後に河南鉄道(現・近畿日本鉄道長野線)の滝谷不動駅が開業、明王時への最寄り駅ではなくなった。

　千代田駅は昭和15(1940)年に設置された大阪陸軍幼年学校への最寄り駅として、学校に先駆けて開設された歴史を持つ。戦後、幼年学校の施設は国立大阪病院長野分院(現・国立病院機構大阪南医療センター)に転用された。また南海によって開発された住宅街「小山田荘園」への最寄り駅となったほか、昭和41(1966)年には駅南側に千代田検車区(現・小原田検車区千代田検車支区)が、同57(1982)年には千代田工場も開設されるなど、車両運行上の拠点として発展している。

◀ 千代田駅
平成元(1989)年に橋上駅となった千代田駅。周囲は住宅街が広がっており、乗降客は比較的多い。

▶ 滝谷駅
やや周囲の発展から取り残された感のある滝谷駅。駅周辺は昔ながらの住宅街であり商店や飲食店はほとんどない。

提供：河内長野市

⬆ 千代田駅前
千代田駅前を南北に貫く国道310号線、すなわち高野街道である。現在も当時と変わらぬ片側1車線であり、渋滞が慢性化している。

⬆ 千代田駅南側の踏切
駅は写真左手にあり、ここから現在の大阪南医療センターへ延びる道こそ、駅開設時に合わせて整備された道である。当時は陸軍幼年学校へと通じていた。

提供：河内長野市

古地図探訪
金剛・滝谷・千代田付近

　昭和12(1937)年に開設された金剛駅は、地図上方の東村集落近くであり、狭山神社のすぐ東側にあたる。狭山神社は『古事記』に記載のある狭山池よりさらに古いといわれる式内社で、境内が大阪府の「みどりの百選」にも選ばれている。昭和40年代に入り、駅東側に住宅・都市整備公団(現・UR都市機構)金剛団地が、西高野街道より西側の丘陵地では狭山ニュータウンが開発されたことで、金剛駅は高野線屈指の乗降客数を誇る駅へと発展した。次の滝谷駅は高野鉄道開業当時からの駅だが、瀧谷不動明王寺は駅から遠く、地図上には見ることができない。そして千代田駅が設けられるのは、地図下方の木戸集落の近くであり、陸軍の幼年学校はその木戸集落の東側に設置されている。

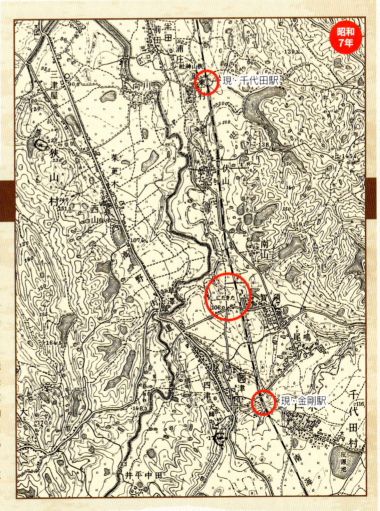

Kawachinagano St. / Mikkaichichō St.
河内長野、三日市町

高野鉄道時代の行楽地・河内長野
高野街道の宿場町だった三日市町

昭和30年

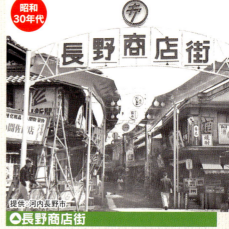
昭和30年代

提供：河内長野市

▲長野商店街
河内長野市街の目抜き通りである長野商店街。現在はアーケード街となっているが、近年は他の商業施設に押され気味である。

▲河内長野駅
市制が施行されて間もなく、今では考えられない長閑な駅前だった河内長野駅。懐かしいボンネットバスが並んでいる。

▶難波行き急行が到着
急行といえばズームカーのイメージだった時代も今や昔。今では急行も大半が20m車となった。

平成3年

撮影：岩堀春夫

平成4年
撮影：岩堀春夫

◀河内長野駅ホーム
近鉄長野線との乗換駅。南海と近鉄の2ショットが見られる駅はここだけである。

　南河内地方の中心駅であり、開業時の駅名は「長野」。高野鉄道が狭山まで開通した約3ヶ月後に延伸された。それまで南河内地方の中心は三日市であり、長野は小村落に過ぎなかったが、鉄道開通により物資の集散地として発展、三日市との立場は逆転することになる。温泉地としても賑わいを見せ、駅周辺には温泉旅館が建ち並び、駅東側には高野鉄道自ら開設した長野遊園もあった。また観心寺や金剛寺、千早城跡など南朝ゆかりの寺社や史跡が多く、昭和10（1935）年に楠木正成の湊川での戦死から600年を記念して執り行われた大楠公六百年祭では、日本中から大勢の参拝客が押し寄せた。現在も日本有数の登山客を誇る金剛山への玄関駅として賑わうほか、周辺には住宅街が次々と造成され、駅を中心としてバス路線網が形成されている。

　一方、長野に繁栄を奪われる形となった高野街道の宿場町・三日市へは、長野駅開業から16年後にようやく鉄道が開通した。明治23（1890）年に湧出し、高野山の御用宿であった油屋が経営する錦渓温泉は、三日市を代表する温泉地として駅開設後も人気を集めている。戦後は住宅地として発展したため行楽地らしい雰囲気は希薄になり、駅の周辺には丘陵地を切り拓いて造成された住宅街が広がっている。

【河内長野駅】

所 在 地	大阪府河内長野市本町
ホ ー ム	3面6線(うち南海線2面4線)
乗降人員	29,851人
開 業 年	明治31(1898)年3月29日
キ ロ 程	28.0キロ(汐見橋起点)

【三日市町駅】

所 在 地	大阪府河内長野市三日市町
ホ ー ム	2面2線
乗降人員	16,923人
開 業 年	大正3(1914)年10月21日
キ ロ 程	29.7キロ(汐見橋起点)

古地図探訪　河内長野・三日市町付近

　高野鉄道の開業から30年以上が経過した河内長野駅付近。南側の三日市町駅周辺を凌駕する市街地が形成され、両社の立場が逆転したことがよく分かる。河内長野駅北側の極楽寺は融通念仏宗の古刹として知られるが、長野界隈で最初に温泉宿を経営したことでも知られ、明治末期には長野周辺一帯を総称して"極楽寺温泉"と呼ばれていたという。また駅の東南の高台にある「遊園地」とは、高野鉄道が明治41(1908)年に開園した「長野遊園」のこと。現在は府営の長野公園となっているが、高野鉄道時代に建設された朱塗りの回廊のような展望台などが残り、桜の名所として春には大勢の行楽客を集めている。

昭和36年
▲河内長野駅構内
長野線の電車が近鉄の1番線に到着する。この1番線は現在は使われておらず、2番線だけが使用されている。列車は大半が大阪阿部野橋行き準急となっている。

昭和33年
提供：河内長野市
▲河内長野駅
昭和33(1958)年に新しく改築された河内長野駅。その後も昭和51(1976)年には橋上駅となり、駅ビルも建設されるなど、駅の雰囲気はどんどん変わっていった。

平成3年
撮影：岩堀春夫
▲21000系が停車
以前の南海では、急行は難波〜極楽橋間を直通する、いわゆる"大運転"が中心のダイヤであった。しかし近年では急行は橋本駅までの運転が大半となっている。

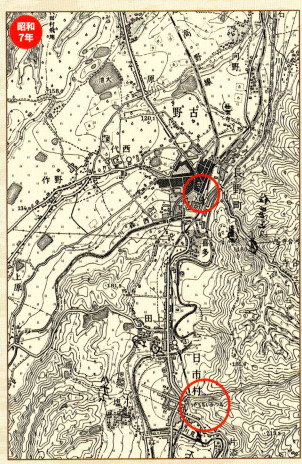
昭和7年

現在
▲フォレスト三日市
平成17(2005)年に開業した三日市町駅前再開発ビル「フォレスト三日市」。駅とはペデストリアンデッキで直結している。

昭和48年
提供：河内長野市
▲三日市町駅前
長い歩道橋が架かる三日市町駅前の国道371号線。かつての高野街道の宿場町らしい古い家並みが残っている。

美加の台、千早口、天美、紀見峠

金剛登山の起点だった千早口
辰野金吾設計の名建築が建つ天見

昭和58年

▲紀見峠をゆく21000系

複線化された紀見峠〜林間田園都市間をゆく急行。河内長野以南では、ほぼ新線建設に等しい複線化工事が進められ、今も各所で単線時代の廃線跡が残されている。

撮影：岩堀春夫

【美加の台駅】

所在地	大阪府河内長野市石仏
ホーム	2面2線
乗降人員	4,720人
開業年	昭和59（1984）年9月1日
キロ程	31.3キロ（汐見橋起点）

【千早口駅】

所在地	大阪府河内長野市岩瀬
ホーム	2面2線
乗降人員	320人
開業年	大正4（1915）年3月11日
キロ程	32.2キロ（汐見橋起点）

【天見駅】

所在地	大阪府河内長野市天見
ホーム	2面2線
乗降人員	410人
開業年	大正4（1915）年3月11日
キロ程	34.9キロ（汐見橋起点）

【紀見峠駅】

所在地	和歌山県橋本市矢倉脇
ホーム	2面2線
乗降人員	746人
開業年	大正4（1915）年3月11日
キロ程	38.6キロ（汐見橋起点）

　高度成長期以降、高野線沿線の住宅開発は山岳区間にもおよび、大阪府側では昭和59（1984）年に美加の台駅が開業した。駅周辺には多くの住宅街が造成され、駅名ともなった「南海美加の台」は駅の北東一帯に広がっている。谷底のような地形に設けられた駅であり、地形の悪さゆえに駅周辺はさほど発展していない。また駅から美加の台の住宅街へは約200段の階段で通じている。

　美加の台駅を過ぎるとようやく車窓も自然に包まれ、次の千早口駅は山岳区間の駅らしいローカルな雰囲気が漂う。駅名が示すように、かつては千早城跡や金剛山などへの登山の玄関駅として賑わい、また戦前には駅西側の「千早口園」で兎狩などを楽しむことができた。

　そして天見駅は大阪府側の最後の駅。天見は古くから温泉の湧く地として知られていたが、昭和10（1935）年に室戸台風で破損した大浜遊園の「潮湯家族湯」が移築され、内湯旅館「松虫別館」として開始した。この建物は辰野金吾の設計と伝わり、現在も旅館「南天苑」として営業を続けている。

　県境をトンネルで越え、和歌山県に入って最初の駅が紀見峠駅である。駅へ通じる道は細く、駅周辺には小さな集落があるだけだが、東側の国道371号沿いには光陽台や紀見ケ丘などの住宅街が造成されている。

昭和53年

▲千早口駅付近をゆく22000系
通勤電車スタイルの22000系は、丸みを帯びた21000系に対して"角ズーム"と呼ばれた。現在も2200系として活躍。

撮影:野口昭雄

昭和52年

◀雪の千早口駅
冬は大雪に見舞われることも多い高野線。とくに県境の紀見峠付近と終点・極楽橋駅近くは積雪が多い。

所蔵:上野又勇

現在

▲千早口駅
美加の台駅までの雰囲気とは打って変わって、のどかな光景に包まれる千早口駅。かつてほどではないにせよ、今も金剛山方面へ向かう登山客の利用もある。

古地図探訪

美加の台・千早口・天美・紀見峠付近

現在の美加の台駅付近。加賀田村および天見村は、昭和29(1954)年に長野町などと合併し河内長野市となる。高野線は昭和40年代後半より河内長野駅以南の複線化を進め、三日市町以南では大半が新線に切り替えられた。昭和59(1984)年に開業した美加の台駅は、単線時代に設けられていた行き違いのための加賀田信号所の跡に設けられ、石仏集落の北側に位置する。複線化された昭和50年代以降、旧加賀田村の丘陵地は次々と新興住宅地が造成され、高野線の北側が「美加の台」西側が「青葉台」となった。石仏集落の右上の高台に印のある寺は、国指定重要文化財の阿弥陀如来坐像を有する曹洞宗の古刹・興善寺だが、現在では美加の台住宅地のほぼ真ん中に位置している。

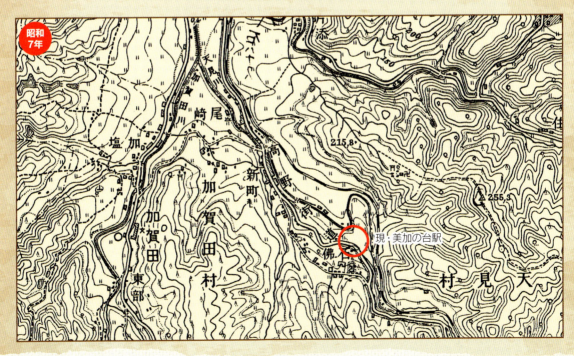

昭和7年

Rinkanden-entoshi St. / Miyukitsuji St. / Hashimoto St.

林間田園都市、御幸辻、橋本

自然あふれる住宅街、林間田園都市
高野線通勤区間の終点である橋本

【林間田園都市駅】

所 在 地	和歌山県橋本市三石台
ホーム	2面3線
乗降人員	10,164人
開 業 年	昭和56(1981)年11月22日
キロ程	39.9キロ(汐見橋起点)

【御幸辻駅】

所 在 地	和歌山県橋本市御幸辻
ホーム	2面2線
乗降人員	2,921人
開 業 年	大正4(1915)年3月11日
キロ程	41.9キロ(汐見橋起点)

【橋本駅】

所 在 地	和歌山県橋本市古佐田
ホーム	3面5線(うち南海線1面2線)
乗降人員	8,875人
開 業 年	大正4(1915)年3月11日
キロ程	44.7キロ(汐見橋起点)

昭和58年

撮影：野口昭雄

◎橋本駅
難波行き急行が停車中の橋本駅。南海のホームは1面2線のみで、反対の下りホームには極楽橋駅行き特急「こうや」が停車している。

▶JR線列車と並ぶ
和歌山線の105系王寺駅行き普通と並ぶ。和歌山線沿線から橋本乗り換えで大阪方面に向かう乗客も多い。

平成21年

　南海電鉄が昭和50年代から開発を手がけ、計画人口4万2千人を目指した大規模住宅地・南海橋本林間田園都市の最寄り駅として、昭和56(1981)年に開設された駅が林間田園都市である。その名の通り金剛山系の南麓を切り拓いて住宅街が造成され、乗降客数では橋本駅をも上回る。ダイヤ上でも当駅始発の急行や区間急行が設定され、特急も全列車が停車するので、利便性は非常に良い。なお快速急行は当駅以南で各駅停車となる。

　次の御幸辻駅は三日市町～橋本間開業と同時に開設された古い駅だが、複線化工事の際に高架化された。開業時の駅名は「高野辻」であったが、駅がかつての天皇の高野山参詣道に面していたこと、当駅を高野山への最寄り駅だと勘違いする人が続出したことから、現駅名に改称された。駅の南側に平成8(1996)年に新設された小原田検車区があり、約100両を収容しているが、当駅始発・終着の列車は設定されていない。

　さらにJR和歌山線との接続駅であり、20m級車両が運行できる南限の橋本駅である。列車の運転本数はJRより南海の方がはるかに多いものの、駅構内は歴史の古いJRの方が広い。また長らく改札口はJRとの共有であったが、2011(平成23)年に南海側が橋上駅化され、改札口も分けられている。

古地図探訪
林間田園都市・御幸辻・橋本付近

　現在の林間田園都市駅付近から橋本駅に至る。当時は一面の山林が広がっていたが、昭和50年代以降に開発が進められ、林間田園都市駅が慶賀野集落の付近に設けられる。駅のある橋本川の西側は三石台、その橋本川の支流である芋谷川沿いには紀見ケ丘、そのさらに上の紀見峠駅近くには光陽台と、次々と住宅街が建設された。そして、やはり橋本川の支流である東谷川沿いには、林間田園都市でも最大規模の城山台が開発され、橋本ゴルフ場（現・橋本カントリークラブ）の北側の小峰台には平成3（2001）年に初芝橋本高校が開校、野球やサッカーの強豪校として知られている。なお橋本市でもだんじり祭りが盛んであり、近年は多くの町が泉州から中古のだんじりを購入するなど、泉州に劣らぬ盛り上がりを見せる。

昭和53年

▲特急「こうや」
林間田園都市駅付近をゆく30000系特急「こうや」。30000系は「ラピート」登場以前は南海で最もデラックスな特急車両であり、かつては車内で売店も営業していた。前面の列車表示は、現在では新しいデザインに変更されている。

撮影：野口昭雄

平成3年

▲御幸辻～橋本間をゆく
複線化により近代的な通勤路線へと変貌した橋本以北の区間。橋本駅まで20m級車両の乗り入れが可能となり、結果的に21000系など車両も短い17m級のズームカーの活躍範囲が狭まっていくことになる。

撮影：岩堀春夫

現在

▲林間田園都市駅
半円筒状のヴォールト屋根を持つ駅舎は、第4回近畿の駅百選にも選ばれた。市の玄関駅である橋本駅と乗降客数で肩を並べ、特急を含む全列車が停車する。

昭和33年

▲橋本駅のホーム
大正4年に高野登山鉄道が橋本駅に乗り入れて、国鉄との共同使用駅となった。撮影翌年の昭和34年から、駅舎改築工事が進められた。

提供：高野町（個人蔵）

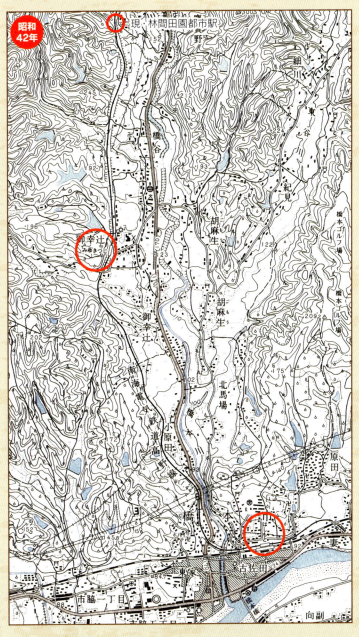

昭和42年

Kii-shimizu St. / kamuro St. / kudoyama St. / kōyashita St.

紀伊清水、学文路、九度山、高野下

合格祈願の入場券で有名な学文路
真田ゆかりの地として人気の九度山

平成3年

【紀伊清水駅】

所在地	和歌山県橋本市清水
ホーム	2面2線
乗降人員	387人
開業年	大正14(1925)年3月15日
キロ程	47.8キロ(汐見橋起点)

【学文路駅】

所在地	和歌山県橋本市学文路
ホーム	2面2線
乗降人員	603人
開業年	大正13(1924)年11月1日
キロ程	50.4キロ(汐見橋起点)

【九度山駅】

所在地	和歌山県伊都郡九度山町大字九度山
ホーム	2面2線
乗降人員	707人
開業年	大正13(1924)年12月25日
キロ程	52.2キロ(汐見橋起点)

【高野下駅】

所在地	和歌山県伊都郡九度山町大字椎出
ホーム	1面2線
乗降人員	115人
開業年	大正14(1925)年7月30日
キロ程	54.2キロ(汐見橋起点)

◀桜咲く九度山付近

学文路～九度山間、春の高野路をゆく極楽橋行き急行。方向幕には「高野山」と記されているが、もちろん列車自体は極楽橋駅行き。現在では高野山と極楽橋の両方が併記されている。

撮影:岩堀春夫

　橋本駅を発車し、紀の川を渡った高野線は、しばらく紀の川の左岸(南岸)をゆく。開業時以来の単線区間であり、運行される車両も2000系、2300系などの17m級車両に限定される。それも最大で4両編成と短く、各停は2両編成での運転が大半である。駅舎も開業当時のままの木造駅舎が健在であり、大手私鉄とは思えないローカルなムードが漂う。平成21(2009)年には、大衆観光旅行の歩みを物語る高野山への参詣路線として、紀伊清水～高野山間の全10駅と橋梁などが、経済産業省が認定する近代化産業遺産に選ばれた。

　かつては紀の川の砂利を採取する支線が分岐していた紀伊清水駅、菅原道真を祀る学文路天満宮が近く、合格祈願の入場券で有名な学文路駅を過ぎると九度山駅に到着する。真田幸村ゆかりの真田庵や世界文化遺産に登録されているる慈尊院など、名所旧跡が点在する観光地で、観光列車「天空」も停車する。そして高野下駅は山岳区間への入口にあたり、明治44(1911)年に開通した物資輸送のロープウェイである高野索道の起点であると同時に、高野山の木材を運搬する森林鉄道も通じていた。今も趣深い木造駅舎が残り、ホーム上には高野線全通80周年を記念して、平成22(2010)年にホーム上に「南海思い出ミュージアム」が設けられている。

◀ **学文路駅** 現在
合格祈願の入場券で有名な学文路駅は階段を上った高台にあり、駅舎内には学文路天満宮の神棚が祀られている。

▲ **紀伊清水付近** 現在
快適な転換クロスシートを備えており、観光客の人気が高い。

▲ **九度山駅ホーム** 現在
行き違いが可能な駅で、ホーム上に花壇が設けられている。

◀ **高野下駅** 現在
小さいながらも風格ある駅舎を持つ高野下駅。出入口階段左側の路が、かつての森林鉄道の廃線跡である。

昭和56年
撮影：岩堀春夫

▲ **20000系特急「こうや」**
独創的なデザインは、スイス国鉄のTEE「ゴッタルド」に影響を受けたともいわれる。いかにも私鉄特急らしい気品に満ちた特急車両だった。

古地図探訪

紀伊清水・学文路・九度山・高野下付近

紀伊清水駅〜九度山間、高野線は紀ノ川の左岸を西へと進み、よく橋本以南の"山岳区間"とひとくくりにされるものの平野部を走っている。紀伊清水駅のすぐ西では、かつて紀ノ川の砂利を採取した専用線の跡が確認できる。また学文路集落の南には学文路天満宮があり、受験シーズンに発売される学文路駅の合格祈願の入場券は、この天満宮で祈祷を受けた「お守り」。そして九度山の集落には真田幸村の隠棲地として知られる「真田庵」も確認できる。なお地図の左上、紀ノ川対岸の名古曽の集落には、JR和歌山線の高野口駅がある。高野線全通以前は、この高野口駅が高野山への玄関駅であり、紀ノ川を渡って慈尊院から町石道を歩いて高野山を登るのが一般的なルートであった。

昭和42年

下古沢、上古沢、紀伊細川、紀伊神谷

Shimokosawa St. / Kamikosawa St. / Kii-hosokawa St. / Kii-kamiya St

半径100mの急カーブに加え、
50‰の急勾配が連続する山岳区間

【上古沢駅】
所在地	和歌山県伊都郡九度山町大字上古沢
ホーム	2面2線
乗降人員	28人
開業年	昭和3(1928)年6月18日
キロ程	57.6キロ(汐見橋起点)

【紀伊細川駅】
所在地	和歌山県伊都郡高野町大字細川
ホーム	2面2線
乗降人員	50人
開業年	昭和3(1928)年6月18日
キロ程	60.6キロ(汐見橋起点)

【下古沢駅】
所在地	和歌山県伊都郡九度山町大字下古沢
ホーム	1面1線
乗降人員	92人
開業年	昭和3(1928)年6月18日
キロ程	55.9キロ(汐見橋起点)

【紀伊神谷駅】
所在地	和歌山県伊都郡高野町大字神谷
ホーム	1面2線
乗降人員	13人
開業年	昭和3(1928)年6月18日
キロ程	63.0キロ(汐見橋起点)

昭和41年
撮影：J.WALLY HIGGINS

▶下古沢駅 現在
集落を見下ろす高台に設けられている。かつては行き違い可能駅であったが、現在は設備が撤去されホーム跡が残る。

◀21000系快速急行
かつての快速急行は現在の急行に近い停車駅で運転されていた。昭和43(1968)年に一度途絶えたが、平成15(2003)年に復活、急行よりさらに少ない停車駅で運行されている。

　高野線の末端区間である高野下～極楽橋間および鋼索線は、高野山電気鉄道によって開業した区間。実質的に南海の子会社であったものの、戦前は別会社であった。また最初から電圧が1500Vで建設されたため、昭和7(1932)年に600Vに減圧されるまで高野線と直通運転ができなかった。なお高野山電鉄は近畿日本鉄道発足後も合併せずに存続し、昭和22(1947)年に南海電気鉄道と改称、旧南海が近鉄から分離する際の受け皿となる。

　高野下を発車すると、路線はいよいよ本格的な山岳区間に入る。既設の森林鉄道に沿って建設され、資材の運搬も森林鉄道に頼ってはいたが、急峻な地形に加え国有林が多いため敷設許可に時間を要するなど、想定以上の難工事となった。昭和3(1928)年6月に紀伊神谷駅まで、半年後の昭和4(1929)年2月には極楽橋までの全通を果たしているが、建設費が高騰したため運賃も高く設定され、当時は日本一高い鉄道ともいわれている。

　高野下～極楽橋間の途中駅4駅は、いずれも1日あたりの乗降客数が100人に満たないローカル駅。だが慈尊院と高野山上の大門とを結ぶ参詣道で世界遺産の町石道が近くを通り、また森林鉄道の廃線跡も道路に転用されていることから、近年では参詣道や廃線跡歩きを楽しむ行楽客の利用が目立っている。

昭和45年

急勾配区間をゆく
上古沢〜紀伊細川間を走る「こうや」。20000系は1編成しか製造されなかったため、当時は冬季の車両検査期間中は運休していた。

撮影：和田康之

現在
▲上古沢駅
下古沢駅と同様、集落を一望できる高台に設けられており、駅までかなりの坂道を上る必要がある。週末は行楽客の利用が多い。

現在
▲2200系「天空」
平成21(2009)年に登場した高野山観光列車「天空」が、上古沢〜紀伊細川間の笠木橋梁を渡るお馴染みの撮影スポット。

現在
▲紀伊神谷駅
昭和3(1928)年に高野山電気鉄道の終着駅として開業。現在では南海電鉄全駅のなかで、最も乗降人員が少ない。

平成2年

笠木橋梁を渡る
ポスターなどでおなじみの笠木橋梁は、上古沢〜紀伊細川間にある。駅から30分は山道を登らないといけない撮影地だが、訪れるファンは跡を絶たない。

撮影：岩堀春夫

大阪市 / 堺市 / 和泉市 / 大阪狭山市 / 富田林市 / 河内長野市 / 橋本市 / 九度山町 / 高野町

Gokurakubashi St. / Kōyasan St.
極楽橋、高野山

日本有数の山岳路線の終点・極楽橋
真言密教の霊峰への玄関駅・高野山

昭和53年

撮影・岩堀春夫

【極楽橋駅】

所在地	和歌山県伊都郡高野町大字高野山
ホーム	5面5線（うち鋼索線2面1線）
乗降人員	62人（鋼索線含む）
開業年	昭和4（1929）年2月21日
キロ程	64.5キロ（汐見橋起点）

【高野山駅】

所在地	和歌山県伊都郡高野町大字高野山
ホーム	2面1線
乗降人員	1,688人
開業年	昭和5（1930）年6月29日
キロ程	0.8キロ（極楽橋起点）

昭和39年

撮影・荻原三郎

🔼 **極楽橋駅**
極楽橋駅に並んだ21000系。全てのホームが4両編成までしか停車できないことがよく分かる。

▶ **極楽橋駅**
回廊の手前側が鉄道、向こう側がケーブルカー乗り場。改築前は改札口が駅の真下の道路に面していた。

現在

◀ **極楽橋駅ホーム**
狭隘な地形ながら、3面4線の櫛形ホームを持ち、多客時の増発にも対応できる。

　標高535m、大手私鉄の普通鉄道の駅としてはずば抜けて高い位置にある高野線の終点・極楽橋駅。駅名となった極楽橋は不動谷川に架かる赤い橋を指し、かつて7本あった主要参詣道の1つが不動坂口の女人堂へと通じている。谷底の行き止まりのような地形にあり、森林鉄道もこの極楽橋を終点としていたが、周辺に民家はなく秘境駅の雰囲気。冬季は雪景色となることも珍しくない。

　この極楽橋駅と山上の高野山駅は鋼索線（ケーブルカー）で結ばれている。鋼索線には特急「こうや」の定員約200名を一度に運ぶだけの輸送力があるが、近年は大きな荷物を持った外国人観光客が増え、定員以下でも満員状態となることが多くなった。なお乗客が乗りきれなかった際は続行便が運行される。

　鋼索線の終点・高野山駅は標高867m。当初の計画では女人堂近くまで達するはずが、資金不足で女人堂より1kmほど北に設けられ、駅から女人堂まで参詣者専用の道が敷設された。この道路は現在もバス専用道として使用されている。駅舎は寺院風ながら随所に洋風のエッセンスを加えた洒落た建物で、国の登録有形文化財。高野山開創1200年にあたる平成27（2015）年には内外観とも美しくリニューアルされ、2階の待合室には資料展示コーナーも設けられている。

昭和53年

◀特急「こうや」が並ぶ

極楽橋駅の引き上げ線で休む20000系「こうや」と、本線上を走る21000系臨時「こうや」が並ぶ。

撮影：岩堀春夫

昭和39年

撮影：荻原二郎

▲高野山駅

駅は山上の中心部から離れており、駅周辺にはバス乗り場や飲食店などしかない。平成28(2016)年に内装・外観ともリニューアルされた。

平成3年

撮影：岩堀春夫

▲高野山ケーブルカー

昭和39(1964)年に登場した現在のコ11・21形。一般的な観光専用のケーブルカーとは違い、朝夕には通勤通学の利用も見られる。

古地図探訪
極楽橋・高野山付近

高野山の終点、極楽橋駅は地図上部にあり、ケーブルカーで高野山駅と結ばれ、さらに専用道で女人堂へと通じている。当初の計画では極楽橋から高野山参詣道のひとつである不動坂にケーブルを敷設し、女人堂まで通じる予定であったが、予算の問題で実現しなかった。高野山駅を出発したバスは女人堂から市街地に入り、千住院橋で奥の院方面と大門方面に分かれて運行されている。なお地図の右上、鶯谷集落のさらに東側の傾斜地にはスキー場があり、戦前の南海では冬の行楽スポットとして売り出していた。スキー場は現在も存在し、リフトなどはないものの京阪神近郊の雪遊び場として親しまれ、正式名称である「転軸山森林公園」よりも「高野山スキー場」の名で呼ばれることの方が多い。

昭和42年

大阪市 / 堺市 / 和泉市 / 大阪狭山市 / 富田林市 / 河内長野市 / 橋本市 / 九度山町 / 高野町

Hankaidenkikidou Line.
阪堺電気軌道
かつての南海のライバルが今も懐かしい風景とともに走る

昭和52年

昭和58年

▲**住吉電停のジャンクション**
阪堺線と上町線が平面交差する住吉電停。4方に線路が分かれていたが、平成28(2016)年1月末で住吉電停〜住吉公園間は廃止される。

撮影：岩堀春夫

▲**恵美須町駅**
路面電車ながらターミナルらしい雰囲気を持つ、阪堺線の起点・恵美須町駅。駅のすぐ近くに通天閣が建ち、かつては大阪有数の繁華街であった。

▶**神ノ木電停**
高野線と立体交差する神ノ木駅に到着するモ101形。旧称は電3形で昭和42(1967)年まで現役で走っていた。

現在

▶**現在の恵美須町駅**
駅施設にほとんど変化はないが、発着する列車の本数は少なくなった。

昭和31年

撮影：J.WALLY HIGGING

　大阪で唯一の"チンチン電車"を運行する私鉄が阪堺電気軌道である。この会社は昭和55(1980)年に南海の軌道部門が分離して発足した会社であり、阪堺線と上町線の2路線を運行している。最新鋭の超低床車両である1001形"堺トラム"や、現役車両として日本最高齢のモ161など車両はバラエティに富み、沿線も下町情緒にあふれていることから、メディアで紹介される機会も多い。

　最初に開業したのは上町線で、明治33(1900)年に天王寺南詰〜阿倍野（現・東天下茶屋）間が馬車鉄道で開通している。2年後には住吉まで開通するが、明治33年には南海も天王寺支線を開通させており、両者は激しい競争を繰り広げた。結果的に明治42(1909)年に合併、上町線は南海所属となっている。

　一方の阪堺線も南海のライバル鉄道として設立されているが、こちらは片岡直輝や大林芳五郎など関西財界の大物が関わっていたことから、鉄道史に残る熾烈な争いとなった。恵美須町〜浜寺間の開通は明治45(1912)年のことで、南海の牙城である浜寺への誘客をめぐって、運賃・サービスなどあらゆる面で競った結果、疲弊した両者は周囲の仲介により合併することとなった。今ではすっかり南海グループの一員である阪堺電車だが、過去には激しく争った歴史があったのである。

浜寺駅前駅 現在

阪堺線の終点、浜寺駅前駅。南海本線の浜寺公園駅より公園に近く、往時は大勢の行楽客で賑わった。現在は全列車が上町線に乗り入れ、恵美須町駅には行かない。

阪堺線浜寺駅前 昭和31年

何度も廃止の危機が叫ばれながら頑張っている、阪堺線の堺市内の区間。近年は天王寺直通や運賃の均一化などにより盛り返している。

撮影：山田虎雄

現役最古参のモ161 現在

昭和3(1928)年から製造され、現在も現役の鉄道車両としては最古参となるモ161形。全車非冷房のままであり、運行は秋から春が中心となる。

堺トラム 現在

平成25(2013)年から導入された阪堺初の超低床車両である1001形「堺トラム」。現在は3編成が運行中で、それぞれカラーリングが異なり愛称が付けられている。写真は「茶ちゃ」。

古地図探訪
天王寺・阿倍野付近

阪和電気鉄道開業直後の天王寺界隈。当時の天王寺駅は、阪和電鉄に国鉄、南海の3事業者が並んでホームを構えており、南海による阪和電鉄買収後は、南海が国鉄駅を挟む形となっていた。なお天王寺支線が廃止され20年以上が経った今も、天王寺駅の土地の一部は南海の所有である。また駅が向かい合う天王寺公園は、明治36(1903)年に開催された第5回内国勧業博覧会で大浜とともに会場となった場所で、現在も市民の憩いの場として親しまれている。昭和62(1987)年から長らく有料になっていたが、平成27(2015)年にふたたび無料化された。一方で南側のあべの筋一帯は、近年の「あべのハルカス」や「あべのキューズタウン」の開業により、劇的な変化を遂げつつある。

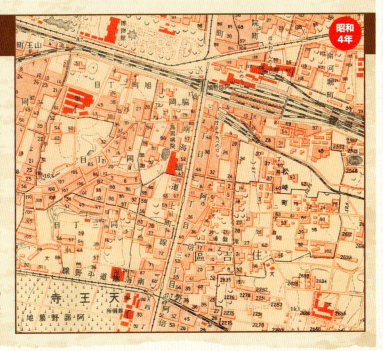

昭和4年

Hirano Line / Ohana Line / Tennoji Line

平野線、大浜支線、天王寺支線

大浜潮湯へのアシだった大浜支線
谷町線に役目を譲った平野線

▲文ノ里付近 昭和53年
撮影当時、すでに阪神高速14号松原線の高架道路が姿を現している。
撮影：荻原二郎

▲中野電停をゆくモ101形 昭和39年
平野線を越している路線は近鉄南大阪線で、南に行くと針中野駅がある。またこの電停跡の真下に現在は谷町線駒川中野駅がある
撮影：J.WALLY HIGGING

▲在りし日の平野駅 昭和55年
今では平野が南海沿線であったというイメージが湧きにくいが、廃止される昭和55(1980)年まで、堂々と「南海平野駅」を名乗っていた。
撮影：岩堀春夫

　明治末期から戦前にかけ、浜寺と並ぶ海浜リゾートとして人気を博した大浜。堺旧港に近く、現在は大浜公園となっている一帯はかつて、入浴施設や歌劇場などが建ち並ぶ行楽地だった。この大浜をリゾート地へと発展させたのが、阪堺線を開業させた初代・阪堺電気軌道である。宿院で分岐して大浜海岸まで支線を開通させ、少女歌劇の舞台となった大浜公会堂や、海水を温めた入浴施設「大浜潮湯」などを建設、京阪神屈指の人気行楽地を築き上げるのである。

　南海と合併後、大浜の開発は南海によって引き継がれるが、昭和9(1934)年に来襲した室戸台風により施設は壊滅的な被害を受け、リゾート地としての大浜に終止符が打たれた。その後、大浜支線は空襲で甚大な被害を受け、戦後しばらくして廃止されている。

　同じく廃止された軌道線としては平野線が記憶に新しい。大正3(1914)年に今池～平野間で開業、60年以上にわたり運行されてきたが、昭和55(1980)年に廃止された。そして平成28(2016)年1月、上町線の末端区間である住吉～住吉公園間が廃止された。住吉公園駅は南海本線の住吉大社駅に直結しているが、住吉鳥居前電停とも至近距離にあった。廃止後は上町線の全列車が阪堺線に乗り入れることになる。

▲天王寺駅の貨物列車 昭和33年

右側が南海天王寺支線で、左側が関西本線。その間に貨物列車が停車している。天王寺支線は昭和59(1984)年に部分廃止され、平成5(1993)年に全線廃止となった。

撮影：中西進一郎

古地図探訪　　平野付近

戦国時代に環濠を持つ自治都市であった平野は、"平野郷"とも呼ばれ、現在も環濠都市だった当時の面影を残している。地図上部の日本紡績平野工場とあるのは、正確には「大日本紡績平野工場」。明治20(1887)年に平野紡績として創業、変遷を経て大正7(1918)年に大日本紡績(現・ユニチカ)となる。女子バスケットボールの強豪「ニチボー平野」(後のユニチカ・フェニックス、平成16年廃部)で全国的に知られる工場であったが、昭和44(1969)年に閉鎖された。跡地は高層マンション「メガロコープ平野」などに生まれ変わっている。なお平野線の終点・平野駅は市街地の南側に位置し、今も駅前商店街が健在である。

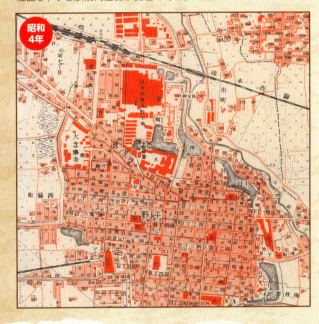

昭和4年

▲天王寺支線の踏切 昭和51年

大阪環状線との分岐近くの踏切を渡り終えた天王寺行き電車。道路を斜めに横断する幅広の踏切であり、かつては保安係が常駐していた。

撮影：岩堀春夫

▲飛田新地 昭和48年

かつて日本最大の遊郭といわれた飛田遊郭(飛田新地)のそばを天王寺支線は走っていた。

所蔵：上野又勇

昭和34年

◀天王寺支線

支線とはいえ堂々たる複線であり、明治時代には大阪駅へも乗り入れていた。

撮影：J.WALLY HIGGING

◀天王寺駅ホーム

部分廃止後、このホームは使われなくなり、駅舎下の仮設ホームを発着した。

▶今池町付近 昭和51年

貨物列車が踏切を通過。部分廃止後、支線はこの踏切区間も含め単線となる。

昭和48年

撮影：岩堀春夫

藤原 浩（ふじわら ひろし）

大阪府泉大津市生まれ。慶應義塾大学文学部卒。教職を経て鉄道・旅行ライターとなり、現在も泉大津市在住。著書に『南海電鉄　昭和の記憶』（彩流社）、『京浜東北線・宇都宮線・高崎線 街と駅の1世紀』（アルファベータブックス）、『シベリア鉄道』『宮沢賢治とサハリン』（東洋書店ユーラシアブックレット）、『ゆったり鉄道の旅　近畿』（山と渓谷社）など多数。

【写真提供】
J.WALLY HIGGING、岩堀春夫、上野又勇、荻原二郎、亀井一男、園田正雄、高井薫平、
中西進一郎、野口昭雄、林 嶢、西尾克三郎、満田新一郎、山田虎雄、和田康之
泉大津市教育委員会、泉佐野市教育委員会、大阪狭山市、貝塚市教育委員会、河内長野市、
岸和田市、高野町、忠岡町、阪南市、泉北高速鉄道株式会社

【現在の駅舎撮影】
古林茂春

【絵葉書提供】
生田 誠

南海電鉄・泉北高速鉄道　街と駅の1世紀

発行日 ………………… 2016年2月5日　第1刷　　※定価はカバーに表示してあります。

著者 ………………… 藤原 浩
発行者 ……………… 佐藤英豪
発行所 ……………… 株式会社アルファベータブックス
　　　　　　　　　　〒102-0072　東京都千代田区飯田橋 2-14-5 定谷ビル
　　　　　　　　　　TEL. 03-3239-1850　FAX.03-3239-1851
　　　　　　　　　　http://ad-books.hondana.jp/

編集協力 …………… 株式会社フォト・パブリッシング
デザイン・DTP …… 柏倉栄治
印刷 ………………… モリモト印刷株式会社

ISBN 978-4-86598-809-3 C0026
本書は日本出版著作権協会（JPCA）が委託管理する著作物です。
複写（コピー）・複製、その他著作物の利用については、事前にJPCA（電話 03-3812-9424、e-mail:info@jpca.jp.net）の許諾を得てください。なお、無断でのコピー・スキャン・デジタル化等の複製は著作権法上での例外を除き、著作権法違反となります。